Günter und Monika Werner

ATEM-WEGE

mit Bildern von Rudolf Fischer

Günter und Monika Werner

ATEM-WEGE

aufbrechen

sich öffnen
offen sein
offen bleiben

sich auf den Weg machen
sich bewegen
etwas bewegen

bewahren
sich bewahren
Offenheit bewahren

Bibliografische Information der Deutschen Bibliothek
Die Deutsche Bibliothek verzeichnet diese Publikation in der Deutschen Nationalbibliografie; detaillierte bibliografische Daten sind im Internet über <http://dnb.ddb.de> abrufbar.5

5. Auflage 2010

www.echter-verlag.de
Umschlag: Peter Hellmund, Würzburg
Layout: wunderlichundweigand.de
Lektorat: Kirsten Schneider-Schmidt
Druck und Bindung: Druckerei Theiss GmbH, A-9431 St. Stefan, www.theiss.at
ISBN 978-3-429-02800-8

Inhaltsverzeichnis

Der Lebensweg

Die Kapelle

Dank an …

Fundgrube

Der neue „Franziskusweg“ an der Thüringer Hütte wird viele Besucher der Rhön und Einheimische sicherlich genauso begeistern wie mich selbst, als ich zum ersten Mal von der Idee zu diesem Projekt hörte. Als Themenweg zu Ehren des Heiligen Franziskus von Assisi verbindet er Religion, Kunst und Natur zu einem harmonischen Dreiklang.

Zahlreiche öffentliche und kirchliche Institutionen, aber auch Privatpersonen haben mit materieller und ideeller Unterstützung zur Verwirklichung dieses Vorhabens beigetragen. Ihnen allen sei dafür ganz herzlich gedankt.

Durch die innovative Ausgestaltung mit Kunstwerken aus der Berufsfachschule für Holzbildhauer aus Bischofsheim und den „Lesestationen“ als „Lebens-Weg“, eingebettet in eine äußerst reizvolle Landschaft im Herzen der Rhön, wird der Rundwanderweg auch weniger religiös interessierte Menschen ansprechen und dazu beitragen, sich mit geistlichen Themen zu beschäftigen.

„Gelobt, seist Du, Herr,
durch unsere Schwester, die Mutter Erde,
die gütig und stark uns trägt
und mancherlei Frucht uns bietet
mit farbigen Blumen und Matte.“

Mit diesem Zitat aus dem Sonnengesang des Heiligen Franziskus möchte auch ich Sie einladen, Spiritualität und heimatliche Kunst in unserer herrlichen Rhönlandschaft bewusst zu erleben.
Für Ihre Entdeckungsreise wünsche ich Ihnen besinnliche Stunden, in denen Sie neue Kraft für den Alltag schöpfen können.

Bad Neustadt a. d. Saale, im April 2007

Thomas Habermann
Landrat

Nach zweijähriger Planungs- und Bauphase durfte ich im Mai 2007 den Franziskusweg an der Thüringer Hütte/ Rhön einweihen und der Öffentlichkeit übergeben.
Ein **Lebensweg** mit 7 Lesestationen und ein **Besinnungsweg** zum Sonnengesang des Heiligen Franziskus von Assisi laden Einheimische und Gäste der Rhön zum Wandern, Nachdenken, Gespräch und Gebet ein.
Dieses „Geh-Bet" ist Lobpreis des Schöpfers, den wir Christen Vater nennen dürfen und Ausdruck der Dankbarkeit und Verantwortung für die uns Menschen anvertraute Schöpfung.
Die zehn Kunststationen auf dem Besinnungsweg, gestaltet von Schülerinnen und Schülern der Holzbildhauerschule in Bischofsheim, und die Kunstobjekte in und um die Kapelle mit ihrer vielfältigen Symbolik verstehen sich als ein modernes Angebot von Seelsorge für Menschen, die alle, Zeit ihres Lebens, unterwegs sind auf der Suche nach den Wurzeln, dem Sinn und dem Ziel ihres Daseins.

So entspricht auch dieser Weg dem Selbstverständnis der Diözese Würzburg: „Kirche für die Menschen".
Ich danke allen, die mitgeholfen haben, dass dieser Weg entstehen konnte, besonders aber den „Ideen-Gebern", dem Ehepaar Monika und Günter Werner.
Allen aber, die dieses Buch zur Hand nehmen und diesen Weg gehen, wünsche ich
Hoffnung, Ermutigung und Freude für alle Wege ihres Lebens.

Hans Herderich
Domkapitular

Der Franziskusweg an der Thüringer Hütte/Rhön

Der Franziskusweg ist ein Rundwanderweg und hat eine Länge von ca. 5 Kilometern. Er nutzt vorhandene Wanderwege, breite Forststraßen, aber auch schmale, kurzzeitig steile Pfade. Der Weg ist insgesamt gut begehbar.
Ausgangs- und Endpunkt dieses Rundweges ist der öffentlich gut zugängliche Wanderweg unterhalb des Jugendhauses und Schullandheimes Thüringer Hütte, direkt neben dem Auto- und Busparkplatz. Er folgt die ersten 500 bis 600 Meter ganz bewusst dem stark begangenen Wanderweg von der Thüringer Hütte zur Rother Kuppe bzw. zum Rhön-Park-Hotel und ist somit eine offene Einladung an jedermann.
Die landschaftlichen Gegebenheiten dieses Weges eignen sich sehr gut, die zehn Strophen des „Sonnengesanges" des hl. Franziskus von Assisi in Skulpturen und Kunstobjekte umzusetzen, und so haben wir diese an den landschaftlich passenden Punkten eingebracht.
Zusätzlich zu den zehn Kunststationen ist ein „Lebensweg" mit sieben Lesestationen eingeflochten. Mit Bildern aus dem Lebensalltag von Menschen möchten wir Ihnen hier Reflexionen zum Thema „Lebensweg" anbieten und gedanklich an Franziskus heranführen. Wir möchten Menschen abholen, da wo sie stehen, und ihnen mit den Texten und diesem Weg Wegbegleiter sein.

Am Ausgangs- und Endpunkt des Franziskusweges steht eine weitgehend offen gestaltete Franziskuskapelle, die neben einem kleinen Schutzraum für Wanderer einen ansprechend gestalteten Andachtsraum für einzelne Gäste, aber auch Platz für z. B. eine Busgruppe mit bis zu 60 Personen bietet. Ein Angebot zum Verweilen, zum Meditieren, zum Gespräch untereinander und zum Gespräch mit Gott.
Gestaltet ist die Franziskuskapelle mit dem Baumaterial der Rhön, Basalt und Holz, aber auch ein aus Glas gestaltetes Franziskuskreuz, das Tau, und Reste des ehemaligen „Eisernen Vorhanges" sollen eine Brücke von Thüringen zur Rhön schlagen, an Vergangenes mahnen und für wieder Verbundenes danken.
Eigene Wegweiser, das franziskanische Tau, führen unsere Gäste über den Weg.
Ein ausführlicher Flyer mit Wegbeschreibung, mit dem Dank an die Sponsoren und Förderer, mit dem Text des Sonnengesanges und einigen nützlichen Hinweisen wird am Beginn des Weges kostenfrei angeboten, ebenso im Internet unter www.franziskusweg.de.
Vertiefende Texte, Meditationen, Gebete, Lieder, aber auch schöne Bilder bietet das Begleitbuch „Atem-Wege" an.
Dieser Franziskusweg konnte nur gebaut werden, weil eine Vielzahl von Frauen und Männern, Behörden, Einrichtungen und Firmen einfühlsam, kreativ und wohlwollend mitgedacht, mitgeplant, mitgearbeitet und mitbezahlt haben.
Ein besonderer Dank gilt den Schülerinnen und Schülern sowie den Lehrkräften der Holzbildhauerschule Bischofsheim und dem Architekten, ohne die es diesen Weg wahrscheinlich nicht geben würde.

So konnte eine Verbindung von herrlicher Natur, guten Gedanken und gelungener menschlicher Arbeit geschaffen werden.

Für mich ist dieser Weg ein modellierter und in Holz geschnitzter Lobpreis auf den Schöpfer, für und durch die Schöpfung, ein Franziskus-Weg, denn nichts ist mächtiger als eine Idee, deren Zeit gekommen ist.

Günter Werner
Initiator

Zum Umgang mit diesem Buch

Mit diesem Buch möchten wir Ihnen, liebe Leserin, lieber Leser, die Person des heiligen Franziskus, seine Lebensweise und seine Haltung gegenüber Gott und der Schöpfung etwas näher bringen. Die Kunstobjekte, die Sie auf den Fotos abgebildet sehen, verbunden mit meditativen Texten und auch einigen sachlichen Informationen, wollen Sie einladen, sich gedanklich auf die Ideen und Vorstellungen des „poverello" (kleinen Armen) von Assisi einzulassen: Denken mit dem Herzen. Dabei kann Ihnen zudem ein Einblick ermöglicht werden, was die überwiegend jungen Künstler dazu bewegt hat, die franziskanische Spiritualität gerade in dieser Form umzusetzen. Ein breiter Anhang mit Texten, Gebeten und Liedern sind als weitere Anregungen zur Meditation gedacht. Diese Auswahl, in der Sie sowohl Vorschläge für Erwachsene als auch für Kinder finden, ist thematisch zu jeder Strophe des Sonnengesanges zusammengestellt und soll Ihnen vor allem dann als Hilfe dienen, wenn Sie eine Gruppe auf dem Besinnungsweg begleiten. Aus eigener Erfahrung weiß ich, wie zeitaufwändig es ist, wenn man sich die meditativen Texte dann erst selbst zusammensuchen muss. Dabei wären die Teilnehmer wohl überfordert, wenn Sie an jeder Station die ausführlichen Gedanken vollständig vorlesen würden. Die jeweilige Liedstrophe und der sich anschließende Impuls, verbunden mit einem Auszug aus dem Meditationstext oder einem Auswahltext aus der Fundgrube im Anhang sollte genügen. Aber das entscheiden Sie selbst. Sie kennen Ihre Gruppe am besten.

Je länger wir an diesem Buch gearbeitet haben, desto mehr habe ich begriffen, dass die Idee des heiligen Franziskus, seine Wertvorstellungen und seine Achtung vor Gott und den Mitgeschöpfen auch in unserer heutigen Zeit wichtig und lebensnotwendig sind. Ich wünsche Ihnen, dass etwas von der Faszination, die er in seinem Sonnengesang zum Ausdruck bringt, überspringen darf und dass Sie sich, so wie wir alle, die an der Entstehung des Weges beteiligt waren, vom „franziskanischen Virus" anstecken lassen.

Pax et bonum.

Monika Werner

Von der Idee zur Skulptur

Der SONNENGESANG des heiligen Franziskus ...

Dieses war der Ausgangspunkt für unsere Reise ...
... ein Thema, welches genug Freiräume lässt für eine individuelle Formensprache.
Daraus sind Skulpturen entstanden, die inhaltlich und formal sehr unterschiedlich sind.
Jeder von uns ging seinen eigenen Weg.
Einer begleitete uns immer wieder zur Thüringer Hütte, um uns zu verschiedenen Jahreszeiten von der Landschaft und den möglichen Standorten inspirieren zu lassen.
Dabei führte die Auseinandersetzung auch zu uns selbst:
Wo will ich hin?
Was will ich mitteilen?
Wen will ich ansprechen?
Was fühle und denke ich darüber?
Wie kann ich meine Idee bestmöglichst umsetzen?
Die Wahrnehmung jedes Elementes auf seiner teils ursprünglichsten Ebene,
das Nachdenken über den Bezug zu unserer Gegenwart und Gesellschaft,
die Verinnerlichung des Lebens von Franziskus und seiner Ideale
und das Eintauchen in den zeitlosen Sonnengesang
inspirierten und motivierten uns bei der Suche nach einer lebendigen Form.
Für einige eine Herausforderung, an der man wachsen kann,
für andere die Möglichkeit, mal ganz anders zu arbeiten
und für alle die Chance, sich mit ihrer Arbeit im öffentlichen Raum zu präsentieren.

Diese intensive, sehr individuelle und gegenwärtige Auseinandersetzung
führte zu Skulpturen, die für sich selbst stehen.
Eingebunden in die Natur, besinnend auf die Franziskuslehre und uns selbst,
anregend zu neuen Sichtweisen oder einfach: ohne Worte ... still ... wirksam ... provozierend.

Die beteiligten Künstlerinnen und Künstler
der Holzbildhauerschule in Bischofsheim/Rhön

Der Weg

Anreise

Mit dem Auto oder einem Reisebus erreichen Sie das Jugendhaus Thüringer Hütte und den Franziskusweg am besten von der Ortschaft Urspringen aus.

Wenn Sie aus Richtung Oberelsbach in Urspringen ankommen, dann biegen Sie am Ortseingang kurz nach dem Ortsschild links ab (an dieser Kreuzung ist die Thüringer Hütte ausgeschildert).

Wenn Sie Urspringen über Sondheim erreichen, dann folgen Sie der Hauptstraße durch den Ort, bis kurz vor dem Ortsausgang die Vorfahrtsstraße nach links abknickt. An dieser Stelle fahren Sie geradeaus, der besagten Beschilderung folgend.

Ab hier erreichen Sie nach etwa 5 Kilometern den Parkplatz an der Franziskuskapelle.

Im Sommer können Sie die Thüringer Hütte auch über die "Hochrhönstraße" (Bischofsheim – Fladungen) erreichen. Im Winter wird diese Strecke jedoch nicht geräumt.

Auch die Anreise von Nordheim über Hausen und Roth können wir in den Wintermonaten nur unter Vorbehalt empfehlen. Auf dieser Strecke folgen Sie am besten der Beschilderung Richtung Rhön-Park-Hotel/Rother Kuppe. Sobald sie die Rother Kuppe passiert haben, ist der Weg zur Thüringer Hütte ausgeschildert.

Diese schematische Karte zeigt Ihnen, wie Sie das Jugendhaus/Schullandheim Thüringer Hütte und den Franziskusweg finden können:

- A7: Abfahrt Bad Brückenau (Wildflecken), Bischofsheim, Weisbach, Sondernau, Oberelsbach, Urspringen
- A71 von Süden: Abfahrt Bad Neustadt, Bad Neustadt, Wollbach, Bastheim, Unterelsbach, Oberelsbach, Urspringen
- alternativ A71 von Süden: Abfahrt Mellrichstadt, ab hier wie A71 von Norden
- A71 von Norden: Abfahrt Mellrichstadt, Stockheim, Ostheim, Nordheim, Sondheim, Urspringen
- Aus der Thür. / Hess. Rhön: Fladungen, Heufurt, Nordheim, Sondheim, Urspringen

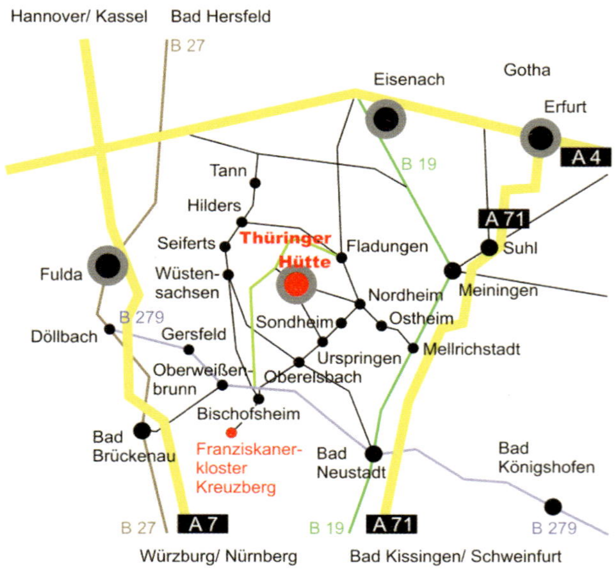

Wegbeschreibung

- Der Franziskusweg beginnt am Parkplatz bei der Straßenkreuzung unterhalb des Jugendhauses/Schullandheimes Thüringer Hütte.
- Wir empfehlen, den Weg mit den Stationen zu beginnen und in der Kapelle abzuschließen; am sinnvollsten im Uhrzeigersinn, Richtung Rhönparkhotel.
- Der Rundweg hat eine Gesamtlänge von ca. 5 Kilometern und umfasst 17 Stationen: 10 Kunst- und 7 Lesestationen.
- Er verläuft auf vorhandenen Forst- und Wanderwegen, mal breit, mal schmal, im Auf und Ab (Höhendifferenz 65m) und ist gut begehbar.
- Rote Wegweiser mit dem T, dem franziskanischen Tau, begleiten Sie.
- Gutes Schuhwerk empfiehlt sich, vor allem bei Regen oder Schnee.
- Die reine Gehzeit ohne Pausen beträgt etwa eine Stunde. Für eine meditative Wanderung sollten Sie sich mindestens zwei, besser drei Stunden, Zeit nehmen.
- Mit einem geländegängigen Buggy können Sie den gesamten Rundweg begehen; mit Rollstuhl oder Kinderwagen ist dies nur bis zur Station 8 (Schwester Sonne) möglich. Gegenläufig erreichen Sie die Stationen 16 - 11 über einen Forstweg, von der Fahrstraße unterhalb der Thüringer Hütte links abzweigend. Die Stationen 9, 10 und 17 sind für Rollis kaum erreichbar.
- An jeder der 10 Kunststationen steht eine Ruhebank.
- Die am Weg aufliegenden Flyer möchten Sie mit einem gedanklichen Impuls an jeder Station des Sonnengesangs begleiten.
- Den Franziskusweg an der Thüringer Hütte/Rhön finden Sie im Internet unter www.franziskusweg.de.

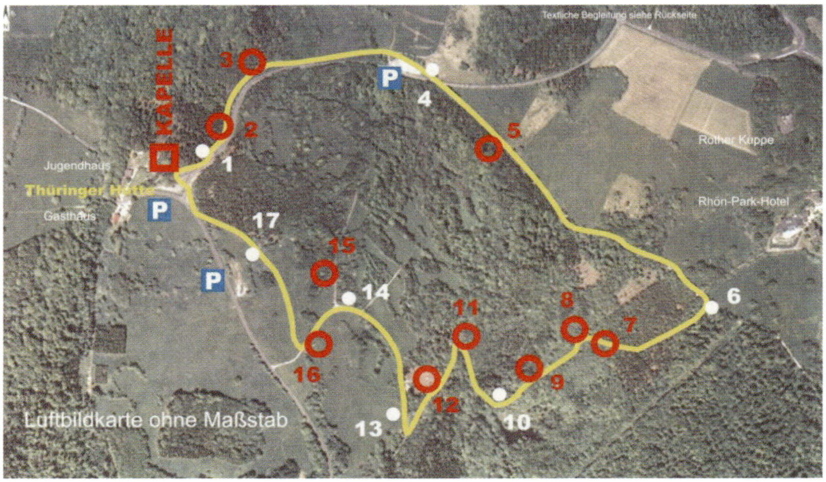

Kunstobjekte
Lesetexte
der Weg

Unser Wegweiser – das Tau

Warum haben wir als Wegweiser dieses Zeichen gewählt?
Es ist das Tau, in der Farbe Rot, in der Farbe der Liebe und der Kraft, angedockt an ein stilisiertes Segel, damit Sie Gottes Geist spüren mögen.

Im hebräischen Alphabet ist das T der letzte Buchstabe, hat somit einerseits den Charakter des Endgültigen und andererseits durch die Propheten die Bedeutung eines Heilszeichens erlangt: Wer dieses Zeichen trägt, ist Gottes Eigentum (Jes 44, 1-5). Wer dieses Zeichen trägt, steht unter dem Schutz Gottes (Ez 9, 4) (Offb 7, 3). Schon von der Form her erinnerte es Franziskus an das Kreuzzeichen und damit auch an unsere Erlösung durch Jesus Christus. Er zeichnete das T an Häuserwände, Mauern und Bäume. Er unterschrieb damit seine Briefe, segnete mit diesem Zeichen Menschen und Tiere. So finden wir es zum Beispiel unter einem Segen, den er für Bruder Leo, seinen Freund und Sekretär aufschrieb, als dieser in einer schweren Krise steckte. Und es gab Bruder Leo Kraft und Trost, dass er diesen Segen ständig bei sich tragen durfte. Mit dem Zeichen des T verband Franziskus den alttestamentlichen Segen, den sogenannten Aaronssegen (Num 6, 24–26): „Der Herr lasse sein Angesicht über dich leuchten und sei dir gnädig. Der Herr wende sein Angesicht dir zu und schenke dir Heil." Indem Franziskus diesen Segenswunsch aussprach, bezeugte er immer wieder seine Haltung gegenüber Gott und damit auch die Art seines Lebens: Er segnete Menschen, wusste aber, der Segen nennt Gott, er kommt von Gott.
Das Tau ist auch der Anfangsbuchstabe des griechischen Wortes „tapeinos", was „niedrig, demütig" bedeutet und der Lebensweise des heiligen Franziskus entsprach. Er, der sich selbst als Minderbruder bezeichnete, lebte in demütiger Hingabe an seinen Schöpfer und dessen Geschöpfe. Mit dem Tau bezeugte er, dass er sich von Gott getragen und von Jesus Christus erlöst wusste. Und er scheute sich nicht, indem er das Tau weitergab, anderen Gott zu versprechen: Gott ist an deiner Seite, er liebt dich, du kannst dich auf ihn verlassen. Seit Franziskus ging das T als franziskanisches Segens- und Friedenszeichen durch die Jahrhunderte. Sein Gruß, der sich mit diesem Zeichen eng verband, war der Wunsch: pax et bonum – pace e bene – Frieden und Heil.
Was könnten wir Besseres wünschen? Was könnten wir Schöneres mit auf den Weg geben?

Franziskusweg

Der heilige Franziskus

Wer war Franziskus?

Jesus hat Menschen fasziniert. Damals. Vor 2000 Jahren. Und immer wieder neu. Bis heute. Doch Nachfolge ist mehr als Faszination. Jesus nachfolgen ist eine Lebensbeziehung. Der heilige Franziskus hat das begriffen. Er hat aus dieser Faszination heraus seine bisherige Lebensweise radikal verändert, um die Botschaft Jesu ernst zu nehmen und glaubhaft weiterzugeben.
Viele Bezeichnungen hat man seither für ihn gefunden: der unvergleichliche Heilige, der sanfte, gewaltlose Heilige, der anstößige Heilige, der Menschlichste aller Heiligen, der Befreier von der „Tyrannei der Dinge", der glaubhafte Heilige der Nichtgläubigen, der Meister des Gebetes, der Bruder der Schöpfung. Er selbst nannte sich den „größten Verrückten der Welt" und den „Hofnarr der Menschheit". Wer war dieser Franziskus von Assisi und wie wirkt er bis in unsere Zeit hinein, dass ihn die Leser der US-Zeitung Times im Jahr 1998 zum Mann des Jahrtausends gewählt haben?
Franziskus wurde 1181/82 als Sohn des reichen Tuchhändlers Pietro Bernadone in Assisi im mittelitalienischen Umbrien geboren. Sein eigentlicher Taufname war Giovanni. Doch weil er auf Grund seiner französischen Mutter eine Vorliebe für deren Sprache entwickelte, wurde er Francesco (Französlein) genannt. Das Leben seiner Familie war von Reichtum und Überfluss geprägt, was ihm innerhalb der großbürgerlichen Jugend viele Freunde einbrachte. Aus dem Drang heraus, Ritter zu werden und Ruhm und Ehre zu erwerben, nahm Franziskus als junger Mann an einem Feldzug gegen die Nachbarstadt Perugia teil. Er geriet jedoch in Gefangenschaft und verbrachte ein Jahr im Kerker, was ihn in eine tiefe Kriese stürzte. Wieder in Freiheit beteiligte er sich an einem weiteren Feldzug nach Süditalien, bei dem er eines Nachts einen Traum hatte, in dem Gott ihn ansprach: „Welchem Herrn willst du dienen, einem geringen oder dem größten?" Darauf brach er seine Kriegstätigkeit ab und beschloss, sein Leben in den Dienst Gottes zu stellen.
Bei der Rückkehr nach Assisi begegnete Franziskus einem Aussätzigen. Er stieg vom Pferd und umarmte den kranken Mann, was zur damaligen Zeit ein beispielloser Tabubruch war und ihn selbst betroffen machte. Er bezeichnete dieses Erlebnis als den entscheidenden Wendepunkt in seinem Leben, denn da erkannte er, dass Gott uns gerade in der Gestalt der Armen und Ausgegrenzten begegnet.
Pietro Bernadone wollte das neue Leben seines Sohnes nicht akzeptieren und enterbte ihn. In einer dramatischen Szene auf dem Marktplatz von Assisi zog sich Franziskus nackt aus, übergab die Kleider seinem Vater und stellte sich unter den Schutz des Bischofs. Zu seinem Vater sagte er: „Ab heute sage ich nicht mehr Vater Pietro Bernadone, sondern Vater im Himmel".
Als er sich eines Tages in der zerfallenen Kirche von San Damiano zum Gebet aufhielt, hatte er eine Vision. Christus sprach zu ihm vom Kreuz herab: „Baue meine Kirche wieder auf, die ganz zerfällt!" Franziskus nahm den Auftrag ernst, erbettelte sich Baumaterial und renovierte die Kirche. Mit der Zeit erkannte er, dass dieser Auftrag auch im übertragenen Sinn zu verstehen war, als eine Aufforderung zur Reform der ganzen Kirche, die damals unter Spaltungen und Machtmissbrauch litt.
Nach und nach schlossen sich ihm die ersten Gefährten an. Die Gemeinschaft gab sich eine Regel, die aus Zitaten des Evangeliums bestand, und begann mit einer einfachen Predigttätigkeit. Der Orden der „Minderen Brüder" entstand – ordo fratrum minorum. Auf Grund

ihrer besonderen Lebensweise wurde die Gruppe der Minderbrüder immer wieder der Ketzerei beschuldigt, ein im Mittelalter lebensgefährlicher Vorwurf. Deshalb zog Franziskus mit seinen Gefährten nach Rom, wo die Kardinäle und der Papst sehr beeindruckt von ihrem Lebensstil und ihrer Radikalität waren. Papst Innozenz III, einer der mächtigsten Männer des Mittelalters, der auf wirtschaftliche und politische Macht der Kirche pochte, bestätigte die Ordensregel der Franziskaner, die auf Besitzlosigkeit, Demut und Gewaltlosigkeit basierte.

Im Jahr 1212 schloss sich die erste Frau der Idee an, die junge Adelige Klara von Assisi (später die heilige Klara). Sie wurde die Begründerin des weiblichen Zweiges des Franziskanerordens, der Klarissen, und war Franziskus Zeit ihres Lebens in Freundschaft verbunden. Die Gemeinschaft der Franziskaner wuchs in den darauf folgenden Jahren stark an und verbreitete sich rasch über ganz Europa.

Als Franziskus 1219 nach Palästina reiste, um die Wirkungsstätten Jesu kennen zu lernen, nahm er die Grausamkeiten der Kreuzritter wahr und forderte diese auf, den Krieg zu beenden; er wurde jedoch von ihnen nicht ernst genommen und ausgelacht. Nach seiner Rückkehr kam es auch zu Konflikten im eigenen Orden. Manche seiner Brüder wollten eine Lockerung des Armutsgebotes und weg vom Dienst an den Armen zu mehr Predigttätigkeit. Enttäuscht über die Verwässerung seiner Ideale trat Franziskus als Generalminister (Leiter des Ordens) zurück. Im Vertrauen auf den Heiligen Geist verfasste er dennoch eine neue Ordensregel, die wiederum vom Papst bestätigt wurde. In ihr war die Verpflichtung zur Armut noch einmal bekräftigt, sie nahm aber Rücksicht auf die praktischen Erfordernisse einer großen Gemeinschaft, die auch außerhalb des Ordens Anhänger hatte.

1224, als sich Franziskus zu einem vierzigtägigen Fasten auf den Berg Alverna zurückgezogen hatte, hatte er eine Vision des gekreuzigten Christus, nach der er dessen Wundmale an seinem Körper empfing. Er verbarg diese jedoch vor seinen Mitbrüdern. Im Alter von 43 Jahren war Franziskus bereits schwer krank. Er litt an Malaria und an einer Augenkrankheit, die zur völligen Erblindung führte. In dieser Situation verfasste er seinen „Sonnengesang“, in dem er seine Verbundenheit mit der ganzen Schöpfung noch einmal betonte, und in dem seine Haltung des Dankes und des Vertrauens gegenüber Gott, dem Schöpfer, zum Ausdruck kommt.

Am Abend des 3. Oktober 1226 starb er im Kreise zahlreicher Mitbrüder, die er noch einmal segnete. Da nach damaliger Zeitrechnung der Abend bereits dem darauf folgenden Tag zugeschrieben wurde, ist sein Gedenktag der 4. Oktober. In seinem Testament betonte Franziskus noch einmal zwei seiner wichtigsten Anliegen: die Liebe zu Christus durch ein einfaches und demütiges Leben in Gemeinschaft mit den Armen und durch Verbundenheit mit der von ihm gegründeten Kirche.

Bereits zwei Jahre später wurde Franziskus vom Papst heilig gesprochen. Sein Orden breitete sich weiter aus und besteht heute auf der ganzen Welt. In unserem Landkreis sind Franziskaner in der Wallfahrerseelsorge am Kreuzberg tätig. Daneben gibt es eine franziskanische Laienbewegung, den sogenannten Dritten Orden. Doch die Spiritualität des heiligen Franziskus reicht weit über die Grenzen des Ordens und auch über die des Christentums hinaus. Franziskus – ein Mann des zweiten Jahrtausends.

Der heilige Franziskus – Eine Erzählung für Kinder

Franziskus wurde vor etwa achthundert Jahren in Assisi, in Italien, geboren. Sein Vater, Pietro Bernadone, war ein Stoffhändler, ein reicher Mann. Weil Franziskus von ihm immer genügend Taschengeld bekam und mit anderen Feste feiern konnte, hatte er viele Freunde. Er zog sich gerne vornehm an und träumte davon, ein berühmter Ritter zu werden. Deshalb zog er, als er ein junger Mann war, mit anderen in den Krieg gegen die Nachbarstadt Perugia. Dort wurde er aber gefangen genommen und sehr krank.

Er hatte nun viel Zeit, darüber nachzudenken, ob sein bisheriges Leben gut war. Als er anfing, Geschichten über Jesus zu lesen, war er davon so begeistert, dass er beschloss, sein Leben zu ändern. Er wollte das tun, was Jesus auch getan hat; er wollte sich um die Menschen kümmern, besonders um die Armen, die Kranken und die Einsamen.

Sein Vater war entsetzt, als sein Sohn anfing, sein Geld zu verschenken. Sie gerieten in Streit. Franziskus wollte dem Vater zeigen, dass er auf alles Geld von ihm verzichten würde. Deshalb zog er sich nackt aus und sagte: „Bisher habe ich immer zu dir Vater gesagt. Jetzt sage ich nur noch Vater im Himmel.“ Und er zog eine einfache braune Kutte an. Die Leute von Assisi, auch seine früheren Freunde, lachten über ihn, wenn er von Haus zu Haus ging und um etwas zu essen bettelte.

Im Wald stand die kleine verfallene Kirche San Damiano (heiliger Damian). Franziskus baute sie wieder auf, und sie wurde sein Zuhause. Damals gab es viele Aussätzige, das waren Menschen, die an ihren Körpern eitrige Geschwüre hatten. Zu ihnen ging Franziskus und pflegte sie.

Nach und nach kamen Männer zu ihm, die auch so leben wollten wie er. Sie wohnten in einer Gemeinschaft zusammen, lebten davon, was andere ihnen schenkten und erzählten von Gott und von Jesus. Vor allem wollten sie den Menschen sagen, dass es nicht darauf ankommt, reich und berühmt zu sein, sondern dass es viel wichtiger ist, so wie Jesus die Menschen lieb zu haben. Sie erkannten, dass auch die Tiere und Pflanzen, die Erde, die Sonne, der Mond und die Sterne Geschöpfe Gottes sind. Franziskus nannte sie alle seine Schwestern und Brüder.

Immer mehr Menschen schlossen sich dieser Gemeinschaft an, und Franziskus stellte Regeln auf, nach denen sie leben wollten. Der Papst fand die Regeln gut, und so entstand der Orden der Franziskaner, zu dem auch heute noch viele Männer gehören. Vielleicht hast du sie auch bei uns schon einmal gesehen, auf dem Kreuzberg. Du erkennst sie an ihrer braunen Kutte mit der Kapuze. Als Gürtel tragen sie ein Seil, in dem drei Knoten sind. Was die bedeuten, kannst du ja selbst mal fragen, wenn du einem von ihnen begegnest.

Als Franziskus etwa vierzig Jahre alt war, wurde er schwer krank und blind. Obwohl er schlimme Schmerzen hatte, beklagte er sich nicht. Er hat ganz fest daran geglaubt, dass er nach seinem Tod bei Gott weiterleben darf. Deshalb hat er sogar den Tod seinen Bruder genannt.

Zwei Jahre nachdem er gestorben war, hat ihn der Papst heilig gesprochen. Franziskus ist der Namenspatron von allen, die Franz, Frank oder Franziska heißen. Sie haben an seinem Todestag Namenstag, das ist der 4. Oktober.

Der Sonnengesang

Das Lied

Höchster, allmächtiger, guter Herr,
Dein ist das Lob, die Herrlichkeit und Ehre
und jeglicher Segen.
Dir allein gebühren sie, Höchster,
und kein Mensch ist würdig, Dich zu nennen.

Gelobt seist Du, mein Herr,
mit allen Deinen Geschöpfen,
besonders der Schwester Sonne,
die uns den Tag schenkt und durch die Du uns leuchtest.
Und schön ist sie und strahlend mit großem Glanz:
von Dir, Höchster, ein Sinnbild.

Gelobt seist Du, mein Herr,
für den Bruder Mond und die Sterne,
am Himmel hast Du sie geformt,
klar und kostbar und schön.

Gelobt seist Du, mein Herr,
für den Bruder Wind,
für Luft und Wolken, für heiteres und jegliches Wetter,
durch das Du Deine Geschöpfe am Leben erhältst.

Gelobt seist Du, mein Herr,
für das Wasser,
sehr nützlich ist es,
und demütig und kostbar und keusch.

Gelobt seist Du, mein Herr,
für das Feuer,
durch das Du die Nacht erhellst.
Und schön ist es und fröhlich und kraftvoll und stark.

Gelobt seist Du, mein Herr,
für unsere Mutter Erde,
die uns erhält und lenkt und vielfältige Früchte hervorbringt,
mit bunten Blumen und Kräutern.

Gelobt seist Du, mein Herr,
für jene, die verzeihen um Deiner Liebe willen
und Krankheit ertragen und Not.
Selig, die ausharren in Frieden,
denn Du, Höchster, wirst sie einst krönen.

Gelobt seist Du, mein Herr,
für unseren Bruder, den leiblichen Tod;
kein lebender Mensch kann ihm entrinnen.
Wehe jenen, die in tödlicher Sünde sterben.
Selig, die er finden wird in Deinem heiligsten Willen,
denn der zweite Tod wird ihnen kein Leid antun.

Lobet und preiset den Herrn
und dankt und dient ihm
mit großer Demut.

Erläuterungen zum Lied

Der Sonnengesang des heiligen Franziskus zählt auf Grund seines literarischen Aufbaus und seines Inhalts zur Weltliteratur. Die ersten Verse, einschließlich des Lobes auf (Schwester) Mutter Erde entstanden der Überlieferung nach im Winter 1224/25, als Franziskus krank in einer Hütte in San Damiano lag. Um einen Streit zwischen Bischof und Bürgermeister zu schlichten, fügte er später die Friedensstrophe hinzu. Die Verse über (Schwester) Bruder Tod verfasste er, als er spürte, dass er selbst bald sterben würde. Der Sonnengesang war die erste anerkannte literarische Schöpfung in italienischer Volkssprache, ein Gebet, das erstmals nicht in lateinischer Sprache abgefasst war. Dieses Gebet kann sowohl als Lobpreis für Gottes Schöpfung, als auch als Lobpreis durch die Schöpfung verstanden werden, denn das italienische „per" in der ursprünglichen Fassung wird in der deutschen Sprache mit „für", aber auch mit „durch" übersetzt. In seinem Loblied bezeichnet Franziskus alle Mitgeschöpfe als Brüder und Schwestern. Er benennt die drei Geschöpfe des Himmels (Sonne, Mond und Sterne) und die vier Urelemente des Irdischen (Wasser, Luft, Feuer, Erde). Daraus ergibt sich die Zahl sieben, die Zahl der Vollkommenheit, die Zahl der Schöpfungstage. Mit der Friedensstrophe, die später hinzukam, hat Franziskus das Zwischenmenschliche angesprochen. Die achte Strophe (Bruder Tod) deutet über das Irdische hinaus auf die Schöpfung bei Gott. Damit wird das Siebentagemodell der Schöpfung zur Oktav und in eine neue Dimension gebracht. Die Klammer um das gesamte Lied, die erste und die zehnte Strophe, ist Gott, der Herr. In der altitalienischen Urfassung beginnt es mit A(ltissimu) O(mnipotente) – A und O – Alpha und Omega – Anfang und Ende. Die nachfolgenden Übersetzungen des Sonnengesanges im Heimatdialekt des heiligen Franziskus, in zehn verschiedenen Sprachen und in einer kindgerechten Fassung weisen auf die heute weltweite Bedeutung franziskanischen Denkens hin: Verantwortung für die Schöpfung, geboren aus Dankbarkeit und Respekt vor ihr und dem Schöpfer, sind überlebensnotwendig.

Ein Lied der Welt

Der Sonnengesang im Heimatdialekt
des heiligen Franziskus

ALTISSIMU
OMNIPOTENTE
BON SIGNORE
TUE SON
LE LAUDE
LA GLORIA
E L'ONORE
E ONNE
BENEDICTIONE
A TE SOLU
ALTISSIMU
SE KONFANNO
E NULLU HOMO
ENE DIGNU
TE MENTOVARE.

LAUDATU
SI MI SIGNORE
CUM TUCTE
LE TUE CREATURE
SPETIALMENTE MESSER
LU FRATE SOLE
LU QUALE
LU IORNO
ALLUMENI PER NUI
E ELLU È BELLU

E RADIANTE
CUM GRANDE
SPLENDORE:
PER TE ALTISSIMU
PORTA SIGNIFICATIONE.

LAUDATU
SI MI SIGNORE
PER SORA LUNA
E LE STELLE:
IN CELU L'ÀI FORMATE CLARITE
E PRETIOSE
E BELLE.

LAUDATU
SI MI SIGNORE
PER FRATE VENTU
E PER AERE
E NUBILO
E SERENO E ONNE TEMPU
PER LE QUALE
A LE TUE CREATURE
DAI SUSTENTAMENTU.

LAUDATU
SI MI SIGNORE
PER SOR AQUA
LA QUALE
È MULTO UTILE
E HUMELE
E PRETIOSA
E CASTA.

LAUDATU
SI MI SIGNORE
PER FRATE FOCU
PER LU QUALE
N'ALLUMENI
LA NOCTE
E ELLU È BELLU
E IOCONDU
E ROBUSTOSU
E FORTE.

LAUDATU
SI MI SIGNORE
PER SORA
NOSTRA MATRE
TERRA
LA QUALE
NE SUSTENTA
E GOVERNA
E PRODUCE
DIVERSI FRUCTI
E COLORATI FLORI
E HERBA.

LAUDATU
SI MI SIGNORE
PER QUILLI
KE PERDONANO
PER LO TUO
AMORE
E SOSTENGO
INFIRMITATE
E TRIBULATIONE:
BEATI QUILLI
KE LE SOSTERRANO
IN PACE
KA DA TE
ALTISSIMU SIRANO
INCORONATI.

LAUDATU
SI MI SIGNORE
PER SORA NOSTRA

MORTE CORPORALE
DA LA QUALE
NULLU HOMO VIVENTE
PO SKAMPARE:
GUAI A QUILLI
KE MORRANO
IN PECCATO MORTALE
BEATI QUILLI
KE SE TROVARÀ
NE LE TUE
SANCTISSIME VOLUNTATI
KA LA MORTE SECUNDA
NON LI PROTERÀ
FAR MALE.

LAUDATE
E BENEDICETE
LU MI SIGNORE
E RENGRATIATE
E SERVITE A LUI
CUM GRANDE
HUMILITATE. AMEN.

Der Sonnengesang in zehn Sprachen

Mindenható, fölséges és jóságos Úr,
Tied a dicséret, dicszség
és imádás és minden áldás,
Minden egyedül Téged illet, Fölség,
és nem méltó az ember, hogy nevedet kimondja.
(ungarisch)

Praised be You my Lord
with all Your creatures,
especially Sir Brother Sun,
who is the day through whom You give us light.
And he is beautiful and radiant with great splendour,
of You Most High, he bears the likeness.
(englisch)

Loué sois-tu, mon Seigneur,
pour soeur Lune et les Etoiles
dans le ciel tu les as formées claires,
précieuses et belles.
(französisch)

Geloofd bent u, mijn Eeuwige,
door broeder wind
en door de lucht en de wolken
door het helder weer en ieder jaargetijde
waardoor u uw schepselen in leven houdt.
(holländisch)

Loado seas, mi Señor,
por la hermana agua,
la cual es muy útil y humilde
y preciosa y casta.
(spanisch)

Louvado sejas, meu Senhor,
pelo irmao Fogo.
Pelo qual iluminas a noite.
E ele é belo et jucundo
e vigoroso e forte.
(portugiesisch)

Lovet være Du, min Herre,
gennem vor søster moder jord,
som opretholder og nærer os
og frembringer alskens frugter
med farvede blomster og græs.
(dänisch)

Pochwalony bądź, Panie,
przez tych, co przebaczają
dla miłości Twojej
I znoszą słabość i utrapienie.
Błogosławieni, którzy wytrwają w pokoju,
Gdyż przez Ciebie, Najwyższy, będą uwieńczeni.
(polnisch)

Laudato si', mi Signore,
per sora nostra Morte corporale,
da la quale nullu homo vivente pò skappare:
guai a quelli ke morrano ne le peccata mortali;
beati quelli ke trovarà ne le Tue sanctissime voluntati,
ka la morte secunda no 'l farrà male.
(italienisch, Mittelalter)

Laudate et benedicite dominum meum,
gratificamini et servite illi, omnes creaturae,
cum magna humilitate.
(lateinisch)

Der Sonnengesang für Kinder

Du, Gott, ich kann dich nicht sehen, aber ich weiß, dass du da bist und dass du mich lieb hast. Du hast alles erschaffen und du hast die Welt so schön gemacht. Dafür danke ich dir.
Ich freue mich, wenn die Sonne scheint. Dann kann ich draußen spielen und alles sieht so bunt und fröhlich aus. Ab und zu schaue ich abends aus dem Fenster. Da staune ich über die Sterne, die am Himmel glitzern. Ich kenne schon den großen Wagen, und der Mond, der sieht jede Nacht ein bisschen anders aus. Manchmal hat er sogar ein Gesicht.
Ich mag alle Jahreszeiten: den Frühling, wenn die ersten Schneeglöckchen und Krokusse blühen; den Sommer, wenn ich mein Boot im Bach schwimmen lassen darf; den Winter, weil ich da Schlitten fahren kann; und auch den Herbst, obwohl der mir manchmal ein bisschen unheimlich ist, wenn es draußen so stürmt. Aber der Wind ist auch gut, sonst würde mein Drachen nicht fliegen und sich mein Windrädchen im Garten nicht drehen. Außerdem ist es lustig, den Wolken zuzuschauen, wie sie am Himmel ziehen. Manche sehen aus wie Schafe, manche wie hohe Berge und manche wie weiche Watte. Da würde ich mich am liebsten mal reinlegen.
Viele Leute schimpfen über das Wetter, wenn es regnet. Aber es muss ja regnen, sonst gäbe es kein Wasser, und wir würden alle verdursten, die Pflanzen, die Tiere und die Menschen. Wir brauchen das Wasser zum Waschen, zum Putzen, aber vor allem zum Trinken. Danke, dass du es gemacht hast.
Im Sommer zelte ich manchmal mit meinen Freunden. Am Abend machen wir ein Lagerfeuer und grillen darin Würstchen und Brot. Das schmeckt gut. Und wenn es dann kühl wird, rücken wir alle näher ans Feuer. Das wärmt so schön. Aber wir müssen auch aufpassen. Feuer kann gefährlich sein.
Einmal im Jahr feiern wir Erntedankfest. Da denken wir an die vielen Dinge, die du für uns wachsen lässt: das Getreide, aus dem das Mehl für unser Brot gemacht wird, das Gemüse, das Obst und die Blumen. Alles hast du geschaffen, damit wir zu essen haben, damit wir leben und uns freuen können.
Gut, dass ich Freunde habe, die mit mir spielen und die zu mir halten. Gut, dass ich meine Familie habe, meine Eltern und Geschwister. Sie helfen mir, wenn ich etwas noch nicht kann. Sie trösten mich, wenn's mir mal schlecht geht. Manchmal gibt es auch Streit und Ärger, aber danach versöhnen wir uns wieder, und das ist besonders schön.
Neulich waren wir auf dem Friedhof und haben das Grab von Oma und Opa besucht. Meine Mama hat gesagt, die Menschen, die hier begraben sind, sind jetzt bei

Vor- und Zuname

Beruf

Straße/Hausnummer

PLZ/Ort

E-Mail

Ich interessiere mich vor allem für Literatur aus den Bereichen

☐ Religion/Theologie ☐ Gemeindearbeit/Pastoral
☐ Franken/Bayern ☐ Lebenshilfe/Meditation

Schicken Sie Ihren Katalog auch an:

Vor- und Zuname

Straße/Hausnummer

PLZ/Ort

Bitte ausreichend frankieren

Antwort

Echter Verlag
Dominikanerplatz 8

D-97070 Würzburg

Ihre Meinung ist uns wichtig!

Welchem Buch haben Sie diese Karte entnommen?

Erfüllt das Buch inhaltlich Ihre Erwartungen?

Wie gefällt Ihnen die Gestaltung des Buches?

Was würden Sie an diesem Buch gerne anders wünschen?

☐ Senden Sie mir bitte Ihren Neuerscheinungsprospekt
☐ einmalig ☐ regelmäßig

☐ Informieren Sie mich bitte per E-Mail über Ihre Neuerscheinungen

www.echter.de

Wie sind Sie auf das Buch aufmerksam geworden?

- ☐ Prospekt
- ☐ Rezension
- ☐ Anzeige in Zeitschrift
- ☐ Empfehlung des Buchhändlers
- ☐ Homepage des Verlages
- ☐ Internet allgemein
- ☐ Andere ____________

dir im Himmel, weil du alle Menschen lieb hast und dir wünschst, dass alle deine Freunde sind und dass es ihnen gut geht. Das finde ich prima.
Du, ich möchte auch dein Freund sein. Es ist gut zu wissen, dass du immer da bist und mich nicht allein lässt. Manchmal kann ich dich, glaube ich, auch ein bisschen spüren, wenn ich zum Beispiel mit meinen Eltern kuschle oder wenn ich merke, dass meine Freunde mich mögen. Und wenn ich sehe, wie schön die Welt ist, die du gemacht hast, dann glaube ich, dass du die Menschen lieb hast. Dafür danke ich dir, Gott.

Laudato sii

Laudato sii, o mi Signore, laudato sii, o mi Signore,
laudato sii, o mi Signore, laudato sii, o mi Signore.

1. Sei gepriesen, du hast die Welt erschaffen.
   Sei gepriesen für Sonne, Mond und Sterne.
   Sei gepriesen für Meer und Kontinente.
   Sei gepriesen, denn du bist wunderbar, Herr.

2. Sei gepriesen für Licht und Dunkelheiten.
   Sei gepriesen für Nächte und für Tage.
   Sei gepriesen für Jahre und Sekunden.
   Sei gepriesen, denn du bist wunderbar, Herr.

3. Sei gepriesen für Wolken, Wind und Regen.
   Sei gepriesen, du lässt die Quellen springen.
   Sei gepriesen, du lässt die Felder reifen.
   Sei gepriesen, denn du bist wunderbar, Herr.

4. Sei gepriesen für deine hohen Berge.
   Sei gepriesen für Fels und Wald und Täler.
   Sei gepriesen für deiner Bäume Schatten.
   Sei gepriesen, denn du bist wunderbar, Herr.

5. Sei gepriesen, du lässt die Vögel kreisen.
   Sei gepriesen, wenn sie am Morgen singen.
   Sei gepriesen für alle deine Tiere.
   Sei gepriesen, denn du bist wunderbar, Herr.

6. Sei gepriesen, denn du, Herr, schufst den Menschen.
   Sei gepriesen, er ist dein Bild der Liebe.
   Sei gepriesen für jedes Volk der Erde.
   Sei gepriesen, denn du bist wunderbar, Herr.

7. Sei gepriesen, du selbst bist Mensch geworden.
   Sei gepriesen für Jesus, unsern Bruder.
   Sei gepriesen, wir tragen seinen Namen.
   Sei gepriesen, denn du bist wunderbar, Herr.

8. Sei gepriesen, er hat zu uns gesprochen.
   Sei gepriesen, er ist für uns gestorben.
   Sei gepriesen, er ist vom Tod erstanden.
   Sei gepriesen, denn du bist wunderbar, Herr.

9. Sei gepriesen, o Herr, für Tod und Leben.
   Sei gepriesen, du öffnest uns die Zukunft.
   Sei gepriesen, in Ewigkeit gepriesen.
   Sei gepriesen, denn du bist wunderbar, Herr.

Mach dich auf

Mach dich
auf den Weg
durch die Hochrhön.

Mach dich
auf den Weg
der Spuren des Franziskus.

Mach dich
auf den Weg
durch Gottes Schöpfung.

Mach dich
auf den Weg
zu dir selbst.

Peter Schott

Die Freiheit der Kunst und die Freiheit des Denkens

Die jungen Künstlerinnen und Künstler haben sich ihre Gedanken zu Franziskus und den einzelnen Strophen des Sonnengesanges gemacht. Sie haben ohne Vorgaben von außen ihren Ideen und Gefühlen Profil und Gestalt gegeben. Und sie möchten damit Menschen zum Nachdenken anregen. Sie wollen nicht erklären, sondern wünschen sich die Auseinandersetzung der Betrachter/innen mit ihrer Skulptur im Kontext mit dem jeweiligen Vers des Sonnengesanges.

Weil der Weg aus der Seelsorge heraus entstanden ist, haben die Gestalter des Weges einige Vorstellungen der Künstlerinnen und Künstler aufgegriffen und als Kurzgedanke knapp formuliert. Dies ist als Impuls gedacht zum Nachdenken, zum Weiterdenken, zur Auseinandersetzung – verbunden mit dem Wunsch und der Aufforderung an Sie, die Betrachter, Ihre eigenen Gedanken zuzulassen und zu denken.

Hinweis

Wir haben uns erlaubt, die zehn Strophen des Sonnengesanges in eine andere Reihenfolge zu bringen, entsprechend des Wegeverlaufes und der Vorgaben der Natur in der Rhön.

Lob des Dreieinigen Gottes

Höchster, allmächtiger, guter Herr,
Dein ist das Lob, die Herrlichkeit und Ehre
und jeglicher Segen.
Dir allein gebühren sie, Höchster,
und kein Mensch ist würdig, Dich zu nennen.

... Franziskus musste erst innerlich leer werden, um Raum zu schaffen für das Neue, ihm Wertvolle ...

Sie stehen hier vor einer in Holz gearbeiteten Darstellung des heiligen Franziskus. Die Künstlerin hat ihn in besonderer Form gestaltet: mit einem ausgehöhlten Oberkörper, vor den er schützend seine Hände hält. Dahinter ist das mit Blattgold belegte Innere zu erkennen.

Franziskus, ehemals ein reicher, im Überfluss lebender junger Mann, dem es stets darum ging, Ruhm und Ehre zu erwerben, gerät bei einem Feldzug in Gefangenschaft und wird dort schwer krank. Dies gibt ihm Zeit und Anlass, über Sinn und Ziel seines Lebens nachzudenken. Er beschließt, sein Leben radikal zu ändern und in den Dienst Gottes zu stellen. Um soweit zu kommen, muss Franziskus zunächst einmal innerlich leer werden. Er muss vieles ablegen, was ihn bisher beschäftigte und was ihm wichtig war. Nur so kann er Raum schaffen für Neues. Wieder gesund und in Freiheit lebt er nun unbeirrt in der Nachfolge Jesu Christi und verknüpft sein Leben konsequent mit seinem Glauben. Eines seiner wichtigsten Anliegen ist die Liebe zu Christus durch ein demütiges Leben in Gemeinschaft mit den Armen. Er verkündet Gottes Wort von Frieden und Erlösung nicht nur durch Predigten, sondern durch das eigene Beispiel. Das, was ihm sein Glaube schenkt, was er in seinem Glauben erfährt, ist ihm so wertvoll, dass er es schützen und bewahren will. Aber er will es nicht für sich behalten. Andere sollen daran teilhaben. Es darf glänzen. Indem Franziskus am Leben seiner Mitgeschöpfe teilnimmt, es in geschwisterlicher Zuneigung mit ihnen teilt und sich ihnen auch mit-teilt, erfahren sie etwas über seinen Glauben, seine Liebe zu Gott und über die Liebe Gottes zu den Geschöpfen.

Das Schöpfungslied, wie wir es in der Genesis nachlesen können, ist sicherlich kein historischer Bericht, kein Protokoll über sieben Tage, aber es ist auch kein Widerspruch zur Evolution, wie sie in der Wissenschaft dargestellt wird. Dahinter steht der Glaube, dass es den Plan eines Größeren gibt, der seine Schöpfung liebt, der Ja zu ihr sagt. Wir alle sind Teil dieser Schöpfung, wir gehören dazu. Nur wenn wir sie bejahen, bejahen wir uns selbst.

Franziskus hat das verstanden. Seine Ehrfurcht, sein geschwisterlicher Umgang mit den Mitgeschöpfen, zeigt, dass er sich als ein Teil dieser Schöpfung sieht, als von Gott gewollt und bejaht. In seinem Sonnengesang lobt und preist er Gott als den Allmächtigen und Höchsten für und durch das, was er geschaffen hat. Er sieht im Schöpfer Gott Anfang und Ende seines Lebens. Ist es ein Zufall, dass sein Lobpreis beginnt mit den Worten „Altissimo Omnipotente" – Höchster Allmächtiger – Alpha und Omega – Anfang und Ende? Sterbend heißt er auch noch den Tod als seinen Bruder willkommen, der ihn zur Vollendung seines Lebens, eines Lebens bei Gott, führen wird.

Ehre sei dem Vater und dem Sohn und dem Heiligen Geist wie im Anfang so auch jetzt und allezeit und in Ewigkeit. Amen.

Schwester Wasser

Gelobt seist du, mein Herr,
für das Wasser,
sehr nützlich ist es
und demütig und kostbar und keusch.

... Die Quelle spendet Wasser – unablässig –
ein immerwährendes Angebot ...
... Ich entscheide, ob ich es in mich aufnehmen will ...

Im Neuen Testament wird erzählt, Jesus sei eines Tages auf einer Wanderung an einen Brunnen gekommen und habe sich, müde von der Reise, niedergesetzt. Dort traf er eine Frau an und bat sie, ihm Wasser zu geben. Als er eine Weile mit ihr geredet hatte, war ihm wohl klar, dass sie ein Leben hinter sich hatte, in dem sie das Glück gesucht, aber nicht gefunden hatte. So redete Jesus danach mit ihr nicht mehr über das Wasser, das sie ihm geben sollte, sondern über die Quelle, die ihr fehlte, und er sprach eine Einladung aus: „Wer Durst hat, komme zu mir." (Joh 7, 37)

Reinhold Stecher schreibt in seinem Buch „Botschaft der Berge": „Es ist eigentlich gleichgültig, an welches Gebiet des Menschlichen man denkt – ob an Religion oder Kultur, an Geistesgeschichte oder Umweltfrage, an Recht oder Verfassung, an Erziehung oder Musik: Immer wieder, wenn die Ströme der Geschichte müde und trüb versumpfen und versanden, ertönt der Ruf: „Zurück zu den Quellen!" – Und dabei ist dieses „Zurück" kein Regress, sondern der Anfang des Fortschritts. Wer nämlich zur Quelle aufbricht, muss aufwärts gehen. Quellen liegen immer höher als Flüsse, Seen und Meere. „Zurück zur Quelle bedeutet zwangsläufig den Gang in ein höheres Niveau.

„Zurück zur Quelle" besagt auch naturnotwendig die Hinwendung zu mehr Schlichtheit, Reinheit, Klarheit, Durchsichtigkeit (und Genießbarkeit) der Gedanken, Konzepte, Grundsätze und Werte. Die Wassergüte nimmt ja bekanntlich nach unten ab. Und schließlich muss der, der „zurück zur Quelle" will, gegen den Strom waten. Es ist immer ein Weg mit Widerstand, ein Antreten gegen den Trend, ein Zusammenprall mit Verständnislosigkeit und Kopfschütteln – jedenfalls eine Fahrt, auf der man sich nie treiben lassen kann."

Wage ich wie Franziskus diesen Aufbruch? Oder lasse ich mich im allgemeinen Trend treiben und somit auch andere für mich entscheiden? Schaffe ich Klarheit, indem ich selbst nach Konzepten, Grundsätzen und Werten für mein Leben suche? Und nicht zuletzt: Nehme ich die Einladung Jesu an? Traue ich seiner Botschaft von der Quelle, die meinem Leben Sinn und Ziel geben kann, einer Quelle, die wie dieses übersprudelnde Gefäß unablässig Wasser spendet? Sie ist ein immerwährendes Angebot. Es liegt an mir, frei zu entscheiden, ob ich es annehmen will.

Ich suchte meinen Gott, und er entzog sich mir. Ich suchte meine Seele, und ich fand sie nicht. Ich suchte meinen Bruder, und fand sie alle drei.

Mutter Erde

Gelobt seist Du, mein Herr,
für unsere Mutter Erde,
die uns erhält und lenkt
und vielfältige Früchte hervorbringt
mit bunten Blumen und Kräutern.

... Die DNS - Baustein des Lebens - Schöpfungsgeschenk ... Sie entzieht sich der Machbarkeit durch den Menschen. ...

„**Da formte Gott,** der Herr, den Menschen aus Erde vom Ackerboden und blies in seine Nase den Lebensatem. So wurde der Mensch zu einem lebendigen Wesen." (Gen 2, 7)
Mir, einem Menschen, gottgewollt und damit kein Widerspruch zur Evolutionstheorie, sondern ein einmaliger und liebender Gedanke meines Schöpfers, den ich als glaubender Christ „Vater" nenne, mir vertraut Gott diese Erde an.
Diese Erde ist ein Sinnbild für das Leben – im Globalen, wenn wir den Begriff „Planet Erde" gebrauchen und im Kleinen, wenn wir vom „Mutterboden" im Garten reden, den die Pflanzen brauchen, um gut zu gedeihen.

Franziskus nennt sie „Mutter Erde“. Aus ihr kommt alles Wachstum. Wir brauchen sie, um leben zu können, so wie ein Kind die Mutter braucht, in deren Bauch es wächst und deren Nähe es bis zum Erwachsensein immer wieder sucht. In der Erde sind wir verwurzelt, sie gibt uns Halt und Heimat.
Nach wissenschaftlichen Erkenntnissen ist der Bauplan des Lebens die DNS. Die DNS besteht aus zwei helixförmigen Ketten, die antiparallel um eine gemeinsame gedachte Achse gewunden sind. Sie dient als Träger der genetischen Informationen. Jedes Lebewesen, ob Pflanze, Tier oder Mensch, trägt seine eigene, einmalige DNS in sich und ist damit unverwechselbar und einmalig. Ein Wunder der Vielfalt! Der Künstler stellt sie hier in drei Formen dar: die gleichmäßig geformte, die veränderte und die technisch konstruierte. Für mich stehen die beiden ersten Spiralen für das von Gott geschaffene Leben, eine Schöpfung, die nicht zwangsläufig perfekt ausfallen muss, zumindest nicht perfekt nach unserem menschlichen Maßstab. Die dritte Spirale deutet an, dass der Mensch versucht, in diesen Schöpfungsakt einzugreifen in dem Irrglauben, Perfektionismus konstruieren zu können – den Klon.
Dieses Eingreifen in die Schöpfung ist eine Gratwanderung. Einerseits sollen durch das therapeutische Klonen Krankheiten wie Schlaganfall, Parkinson, Alzheimer oder Diabetes eines Tages heilbar sein. Andererseits haben unzählige Babys bereits vor ihrer Geburt schon die verschiedensten „Qualitätskontrollen“ durchlaufen, und viele davon kommen, weil sie dabei „durchfallen“, erst gar nicht zur Welt. Wer gibt mir eigentlich das Recht, darüber zu urteilen, welches Leben lebenswert ist? Bin ich denn perfekt?
Wir alle sind Teil der Schöpfung. Wir gehören dazu. Und damit tragen wir Verantwortung. Verantwortung für uns, füreinander, für alle Mitgeschöpfe und für diese Mutter Erde. Wer die Erde fahrlässig behandelt, behandelt sich selbst fahrlässig. So wie sich die Bäume und die anderen Pflanzen hier gegenseitig Halt geben im Geflecht ihrer Wurzeln, brauchen auch wir Menschen einander. Und wir können voneinander lernen: Im Umgang mit Behinderten können wir erfahren, dass es nicht nur Perfektion und Leistung sind, die einem Leben Sinn und Wert geben. In der Begegnung mit alten Menschen nehmen wir, neben dem Verfall, auch immer wieder die Geduld und Weisheit wahr, die aus ihnen spricht. Und wir leben in einer Zeit der Globalisierung, genießen die Pizza vom Italiener, das griechische Gyros, den Döner beim Türken und den australischen Wein. Aber immer wieder geraten Menschen verschiedener Kulturen wegen ihrer unterschiedlichen Lebens- und Glaubensformen miteinander in massive Konflikte. Ist es nicht oft auch eine Frage des Verstehenwollens, des Verständnisses für den Anderen?

... Es gibt den Wolf in mir, und ich kann ihn zähmen. ...

Von einer anderen Künstlerin stammt die vierte Skulptur zu „Mutter Erde“, der Tierbaum, die Darstellung einer Schafherde, die der Wolf beherrscht. In der Franziskuslegende gibt es die Geschichte über den Wolf von Gubbio. Franziskus übernahm hier die Rolle des Vermittlers. Er hat den Menschen in Gubbio klar gemacht, dass es der Hunger war, der den Wolf dazu brachte, die Schafe zu reißen. Und der Wolf erkannte, dass die Menschen ihn töten wollten, weil sie Angst vor ihm hatten. Erst als die Menschen anfingen, den Wolf zu füttern und der Wolf sich friedlich zeigte, als beide Seiten also Verständnis füreinander aufbrachten, konnten sie in gegenseitigem Respekt miteinander leben.
Auch in uns Menschen gibt es diesen Wolf, das Dunkle, das Böse, das Gefährliche. Licht und Schatten sind untrennbar miteinander verbunden. Wir können diesen Wolf nicht mit Waffen besiegen, ihn töten. Wir würden damit einen Teil von uns selbst töten. Aber wir können

ihn zähmen und ihn wie Franziskus zum Bruder machen, wir können uns mit ihm versöhnen, indem wir Ja sagen zu unseren Schatten. Ein mitunter langer und mühseliger Prozess, ein Weg zum inneren Frieden. C. G. Jung sagt dazu: „Man wandelt nur, was man annimmt."
Und in uns gibt es diesen Wolf, der sich immer wieder einbildet, etwas besser zu wissen, besser zu können, der es manchmal genießt, Macht über andere zu haben, andere zu beherrschen. Oft lauern wir doch nur darauf, so wie der Wolf in der Nähe der Schafe, dass andere einen Fehler machen, sich nicht konform benehmen, um sie dann mit Worten zu zerreißen.
Franziskus hat diese Erfahrungen selbst machen müssen, als er beschloss, sein Leben zu ändern und in den Dienst Jesu Christi zu stellen. Doch er war der festen Überzeugung, dass dieser Wolf zu zähmen ist. Zum einen, indem wir uns selbst als Teil dieser Schöpfung begreifen, als einmalige, von Gott gewollte und geliebte Wesen, zum anderen, indem wir uns unserer Verantwortung für die Mitgeschöpfe bewusst sind, die ebenso ein Teil dieser Schöpfung sind, ebenso von Gott gewollt und geliebt, und die deshalb unsere Achtung und Wertschätzung verdienen. Dann wachsen wir – wie hier die Bäume – dem Himmel entgegen.
Vater Unser im Himmel, geheiligt werde Dein Name, Dein Reich komme. Dein Wille geschehe wie im Himmel so auf Erden.

Bruder Mond und Geschwister Sterne

Gelobt seist Du, mein Herr,
für den Bruder Mond und die Sterne,
am Himmel hast Du sie geformt,
klar und kostbar und schön.

... Gestirne: wie klein bin ich im Vergleich dazu, dennoch gewollt, geliebt und gehalten ... Wegzeichen für Schiffe und Raumgleiter und für die Hirten und Weisen ... und für mich ...

Während die Sonne für Energie, für Power und pralles Leben steht, sind Mond und Sterne eher ein Sinnbild der Ruhe, des Ausruhens und Zu-sich-selbst-findens. Die Zeit, in der am Himmel Mond und Sterne aufgehen, ist die Zeit des Feierabends, des Loslassens und des Sich-fallen-lassens. Und wenn es gelingt, die Zwänge und Verpflichtungen, die mich tagsüber beschäftigten, abzulegen und ruhig zu werden, können Saiten in mir zum Klingen kommen, für die in der täglichen Geschäftigkeit meist keine Zeit bleibt: Träume, Wünsche, Sehnsüchte werden wach. Damit verbunden ist nicht selten auch ein Denken an die Menschen, bei denen ich mich aufgehoben weiß und denen ich mich nahe fühle, und ein Besinnen auf das, was mich trägt im Leben, was mir wichtig ist.
Sterne waren ja zu allen Zeiten Wegzeichen; Wegzeichen für Schiffe und Raumgleiter und irgendwann auch einmal Wegzeichen für die Hirten und die Weisen aus dem Morgenland, die einem besonderen Stern gefolgt sind. Auch sie hatten ihre Träume und Sehnsüchte: eine Welt, in der Gleichberechtigung, Toleranz und Frieden herrschen.
Es gibt heutzutage viele Sterne, die am Himmel aufgehen, viele Stars und Sternchen, denen Menschen zujubeln

und folgen. Wen oder was mache ich zu meinem Star? Welchem Stern folge ich? Wer ist mir Vorbild? Welche Maßstäbe setze ich für mein Leben? Sind es die aktuellen Trends, die mein Interesse wecken? Oder verlasse ich mich eher auf meine eigenen Erfahrungen und bilde mir selbst ein Urteil? Wie wichtig sind mir Werte, die tragen, weil sie ein Miteinander menschlicher machen? Und nicht zuletzt: Wie wichtig ist mir mein Glaube? Mein Glaube an Gott, den Schöpfer dieses Universums mit all seinen Geheimnissen?

Wie klein ist der Mensch im Vergleich dazu! Wenn ich nachts in der freien Natur einmal hinauf zum sternenübersäten Himmel schaue, werde ich mir meiner Winzigkeit und meiner Grenzen bewusst. Ich spüre, dass da eine größere Macht hinter dieser Schöpfung stehen muss, die sich das alles ausgedacht hat. Und wenn ich manchmal geneigt bin, mich selbst zu überschätzen, so machen sich in diesen Momenten eher Ehrfurcht und Demut breit. Demut, ein Wort, das in unserem Sprachgebrauch oft negativ belegt ist. Für Franziskus war dies eine Grundhaltung. Demut, im Lateinischen „humilitas", ist abgeleitet vom Wort Erde, lateinisch „humus". Fest auf der Erde stehend, mit der Erde verwurzelt, in sie eingebettet als Geschöpf Gottes, so hat er sich gesehen. Demut bedeutet aber auch: Der Mensch ist nicht Maß aller Dinge. Franziskus war sich seiner Kleinheit bewusst. Dankbar hat er sich selbst und auch alle anderen Mitgeschöpfe als Zeichen der Liebe Gottes gesehen. Und weil er Gott Vater nannte, war er diesen in geschwisterlicher Liebe verbunden. Auch ich bin Teil dieser Schöpfung. Ich gehöre dazu. Damit bin ich in die Verantwortung genommen. Aber ich kann auch spüren: Weil ich dazu gehöre, bin ich gewollt, geliebt und gehalten, selbst in meiner Kleinheit.

Schwester Sonne

Gelobt seist du, mein Herr,
mit all deinen Geschöpfen,
besonders der Schwester Sonne,
die uns den Tag schenkt
und durch die du uns leuchtest.
Und schön ist sie und strahlend mit großem Glanz:
von Dir, Höchster, ein Abbild.

... Die Sonne schenkt Licht und Wärme - Lebensmittel ... Wie gut tut es mir in dunklen Zeiten, wenn Menschen mir Nähe, Licht und Wärme schenken - Lebensmittel ... eucharistisches Brot, miteinander geteilt - Lebensmittel ...

Im Originaltext nennt der heilige Franziskus die Sonne „frater", also Bruder, weil das Wort Sonne im Italienischen männlich ist. In der deutschen Sprache wird diese Stelle meist mit „Schwester Sonne" übersetzt. Letztlich ist es egal, welchen Begriff man verwendet. Wichtiger ist die Gesinnung, die Bereitschaft, die Mitgeschöpfe als Geschwister zu sehen, für die wir eine Verantwortung haben.

Die Sonne schenkt Licht und Wärme – etwas, was alle Lebewesen zum Leben brauchen. Wir kennen alle dieses wohltuende Gefühl, wenn zu Beginn des Frühlings der Winter seine unerbittliche Kälte freigibt und die ersten warmen Sonnenstrahlen unsere Haut berühren. Und gerne beobachten wir dann, wie die abgestorben wirkenden Sträucher und Bäume zu neuem Leben erwachen. Im Leben jedes Menschen gibt es solche „Winterzeiten". Zeiten,

in denen alles dunkel erscheint. Wie gut tut es ihm dann, wenn da Menschen sind, die ihm durch ihre Nähe Licht und Wärme bringen, die ihm Hoffnung schenken und ihm zeigen, dass er geliebt und gehalten ist.

Der Künstler hat die Sonne hier in Form einer Monstranz dargestellt, als Strahlenkranz, in dessen Mitte das eucharistische Brot – Jesus Christus – steht. In jeder Eucharistiefeier bringt sich Jesus mit einem Stückchen Brot in Erinnerung, mit dem Brot, das wir miteinander teilen. Doch in der Gemeinschaft, in der wir uns um den Altar versammeln, teilen wir nicht nur Brot miteinander, wir teilen auch unser Leben. Kein Mensch lebt für sich allein. Genauso wie das tägliche Brot braucht jeder Mitmenschen, um lebensfähig zu sein. Es gibt in unserer Sprache den Begriff „Kumpan". Dieses Wort stammt aus dem Lateinischen und heißt wörtlich übersetzt „Mit-Brot". Als einen Kumpan bezeichne ich einen, der sich für mich aus anderen Menschen heraushebt, mit dem mich Freundschaft verbindet, weil er mich versteht, weil ich mich auf ihn verlassen kann. Einer, dem auch ich wichtig bin und der mir so wertvoll und notwendig ist wie das tägliche Brot. Jesus Christus teilt mit uns unser Leben. Er ist für uns Kumpan, Mit-Brot, denn er selbst hat uns das Versprechen gegeben: „Ich bin bei euch alle Tage bis zur Vollendung der Welt." (Mt 28, 20) Doch er hat uns ebenso den Auftrag gegeben, das, was wir in der Eucharistie immer wieder feiern, auch in unserem Alltag zu leben: die Kommunion, die Gemeinschaft der Aufmerksamkeit füreinander, der Geschwisterlichkeit und des Teilens. Wenn wir einander Kumpane sind, dann ist Christus real zugegen. So nah, so schlicht zeigt sich Gott. Ein Gott, der mit uns unterwegs ist auf unserem Lebensweg.

Der heilige Franziskus hat diese Nähe zugelassen und gespürt und hat wie kaum ein anderer in der Nachfolge Christi gelebt, der von sich selbst sagt: „Ich bin das Licht der Welt" (Joh 8, 12). Er sah die Schwester Sonne, die Lebensspenderin, als Sinnbild Gottes, der mit ihm ist, der da ist, auf den Verlass ist. Und er hat sich vor allem derer angenommen, die sich auf der Schattenseite des Lebens befanden. Indem er diesen Menschen Kumpan, Mit-Brot, war, konnten sie durch ihn die Sonne, Gott, scheinen sehen.

Bruder Tod

Gelobt seist Du, mein Herr,
für unseren Bruder, den leiblichen Tod;
kein lebender Mensch kann ihm entrinnen.
Wehe jenen, die in tödlicher Sünde sterben.
Selig, die er finden wird in Deinem heiligsten Willen,
denn der zweite Tod wird ihnen kein Leid antun.

… Wir Menschen wollen den Tod nicht wahrhaben, wir wenden uns ab. …
… Und: Menschen erleben den sozialen Tod durch Ausgrenzung. …

Diese Strophe des Sonnengesangs macht viele Leser betroffen, denn sie drückt die Gewissheit aus, dass unser Leben wie alles Leben auf dieser Erde zeitlich begrenzt ist. Eine Tatsache, die wir lieber totschweigen, weil wir sie nicht wahrhaben wollen. Doch der Tod ist Teil des Lebens wie Geburt, Wachstum, Reife und Älterwerden. Franziskus hat diese Verse geschrieben, als er seinen eigenen bevorstehenden Tod spürte. Sicherlich gehörte diese Phase nicht gerade zu den hellen Zeiten, sondern zu den Schatten seines Lebens wie bei jedem anderen Lebewesen, das den kommenden Tod näherrücken sieht. Doch Franziskus hat sich auch damit versöhnt. Er begrüßte den Tod als seinen Bruder, im vollen Vertrauen darauf, wie Jesus, zu neuem Leben, zu einem Leben bei Gott auferweckt zu werden. Viele Menschen blenden den Gedanken an den Tod eher aus, weil er Angst und Ungewissheit auslöst. Aber er ist gegenwärtig. Diese Erfahrung machen wir täglich, wenn wir von Naturkatastrophen hören, von Krieg, Gewalt und Terror, aber auch wenn wir die Zeitung aufschlagen, in der von Unfällen im Straßenverkehr berichtet wird und wo wir auf die Todesanzeigen stoßen. Die meisten von uns haben schon die leidvolle Erfahrung machen müssen, einen geliebten Menschen zu verlieren. Und dennoch tun wir oft so, als beträfe uns selbst dies alles nicht, als würde der Tod nur andere Menschen treffen. Wir lenken uns ab, wenden uns ab von der Realität. Daran denke ich, wenn ich die Skulptur der Künstlerin vor mir betrachte: auf der einen Seite die Menschengruppe, die sich abwendet, auf der anderen Seite der Tod, von dem sie Abstand nimmt. Aber auch wenn die Menschen ihn nicht sehen wollen, er ist da. Wir wissen nicht, wann wir ihm begegnen, aber er ist seit dem Beginn unseres irdischen Lebens gegenwärtig.

Diese Darstellung kann aber auch auf etwas anderes hindeuten: Hier stehen Personen, die sich von einer einzelnen abwenden. Es gibt unzählige Menschen, die mitten im Leben einen Tod erleiden; sei es weil eine Beziehung gescheitert ist oder weil sie Abschied nehmen müssen von einem Geliebten oder von etwas Geliebtem, sei es weil sie nicht ernst genommen werden oder weil sie – aus welchem Grund auch immer – ausgegrenzt und einsam sind. Diese Menschen müssen Lebenssituationen aushalten, die schwer zu verkraften sind. Sie haben ihr Kreuz zu tragen und sterben dabei manchmal den „sozialen Tod“.

... Eiform, embryonale Haltung: Haltung des Sterbens und Symbol neuen Lebens - Werden und Vergehen - Vergehen und Werden ...

Seit der Auferstehung Jesu Christi glauben wir Christen, dass der Tod ein Übergang ist zu neuem Leben. Wir sind wie alles auf der Erde vergänglich. Doch wie sich hinter den Blättern, die vom Baum fallen, schon eine neue Knospe gebildet hat, wie die Blätter, die am Waldboden liegen, den Humus für neue Pflanzen bilden, so glauben wir, dass uns unser Leben nicht genommen, sondern nur gewandelt wird, dass unser Leben in veränderter Weise weitergeht.

Das sterbende Reh kann ein Symbol dafür sein. Die Künstlerin hat es in der Natur beobachtet. Es erinnert in seiner Gestaltung an einen Embryo im Mutterleib. In der Phase des Sterbens diese Haltung, die Kuscheln, Geborgenheit und Behütetsein ausdrückt? Vielleicht lässt sie uns daran denken, dass unser irdisches Leben, das mit dem leiblichen Tod endet, eine Vorstufe – eine Schwangerschaft – vor dem ewigen Leben ist. Darauf vertrauen wir Christen, und wir dürfen unser Leben danach ausrichten. Vertrauen heißt aber auch: sich trauen, sich öffnen, sich ausliefern und damit auch das Risiko eingehen, sich verletzlich zu machen. Franziskus war so offen, dass Gott durchscheinen konnte.

„Wenn mir die Augen aufgehen, einmal, nach dem Gang durch die Zone des Todes, sehe ich, was mir ein Geheimnis war. Gott, ich möchte mich öffnen auf Dein Licht hin."

Frieden

Gelobt seist Du, mein Herr,
für jene, die verzeihen um Deiner Liebe willen
und Krankheit ertragen und Not.
Selig, die ausharren in Frieden,
denn Du, Höchster, wirst sie einst krönen.

... Herr, mach mich zum Werkzeug deines Friedens ...
zum Brückenbauer. ...
... Da berühren sich Himmel und Erde. ...

„Du hast einen schönen Beruf“, sagte das Kind zum alten Brückenbauer, „es muss sehr schwer sein, Brücken zu bauen.“ „Wenn man es gelernt hat, ist es leicht“, sagte der alte Brückenbauer, „es ist leicht, Brücken aus Beton und Stahl zu bauen. Die anderen Brücken sind viel schwieriger“, sagte er, „die baue ich in meinen Träumen.“ „Welche anderen Brücken?“ fragte das Kind. Der alte Brückenbauer sah das Kind nachdenklich an. Er wusste nicht, ob es verstehen würde. Dann sagte er: „Ich möchte eine Brücke bauen von der Gegenwart in die Zukunft. Ich möchte eine Brücke bauen von einem zum anderen Menschen, von der Dunkelheit in das Licht, von der Traurigkeit zur Freude. Ich möchte eine Brücke bauen von der Zeit in die Ewigkeit, über alles Vergängliche hinweg.“ Das Kind hatte aufmerksam zugehört. Es hatte nicht alles verstanden, spürte aber, dass der alte Brückenbauer traurig war. Weil das Kind ihn wieder froh machen wollte, sagte es: „Ich schenke dir meine Brücke.“ Und das Kind malte für den Brückenbauer einen bunten Regenbogen.

(Anne Steinwart in Sinndeuter 4, Georgs Verlag Neuss-Holzheim, 2003)

Diese Brücke hier überwindet einen kleinen Bach; und so schlicht sie ist, sie trägt uns. Eine Brücke gibt uns aber ebenso die Möglichkeit, tiefere Gräben und Schluchten zu überwinden. Diese zu bauen, kann, wie wir wissen, ein mitunter sehr schwieriges und auch gefährliches Unternehmen sein. Und auch im übertragenen Sinn stellt die Brücke eine Verbindung her, eine Verbindung zwischen Menschen. So wird sie zum Zeichen der Begegnung, zum Symbol des Friedens.

Dieser Gedanke vertieft sich beim Betrachten des Geländers, wie es der Künstler dargestellt hat: Menschen, die sich die Hand reichen und damit eine Verbindung zueinander herstellen, ein Symbol der Versöhnung, des gegenseitigen Haltens und Vertrauens. Die offenen Hände am Ende sprechen eine Einladung aus: Reich mir deine Hand, ich öffne mich dir und will mich von dir berühren lassen. Ich möchte auch dich berühren und Hand in

Hand mit dir leben.
„Pax et bonum“ lautet der franziskanische Gruß, wörtlich übersetzt „Frieden und das Gute“. Wir können es freier ausdrücken mit „Frieden und Heil“, denn ein friedliches Miteinander und gute Verbindungen haben etwas Heilendes. In jedem Fall ist dieser Gruß ein guter Segenswunsch. Er deckt sich mit der Aufforderung Jesu: „Wenn ihr in ein Haus kommt, dann wünscht ihm Frieden“(Mt 10, 12). Frieden – ein Wunsch, eine Sehnsucht, gerade angesichts der unzähligen Gewalttaten, der Kriege und der Ungerechtigkeiten, die uns die Medien täglich liefern. Aber wir brauchen gar nicht so weit zu schauen. Auch in unserer nächsten Umgebung führen Menschen oft Krieg, und sind wir nicht häufig mitten drin und daran beteiligt? Immer wieder begegnet uns im Straßenverkehr Rücksichtslosigkeit, am Arbeitsplatz erleben wir Kampf um Positionen, Neid und Mobbing, Nachbarn prozessieren wegen Nichtigkeiten, Partner sind nicht mehr bereit, miteinander zu reden, Eltern setzen ihre Kinder unter Leistungsdruck … Frieden beginnt im Kleinen, bei jedem von uns. Denken wir dabei an den afrikanischen Spruch: „Viele kleine Leute an vielen kleinen Orten, die viele kleine Dinge tun, werden das Angesicht der Erde verändern.“
Jeden Sonntag im Gottesdienst reichen sich Menschen die Hand und wünschen sich Frieden. Das kann zur Routine werden wie ein freundliches Gesicht, weil es gerade erwartet wird. Frieden zu leben kostet dich und mich etwas: Die Bereitschaft, immer wieder neu, wirklich, ehrlich, mit offenen Händen, mit offenem Herzen aufeinander zuzugehen, trotz aller Vorurteile, trotz aller Verletzungen, trotz allem, was war, um dessentwillen, was sein kann: Frieden.
Wo Menschen sich verschenken, die Liebe bedenken und neu beginnen, ganz neu, da berühren sich Himmel und Erde, da ist das Reich Gottes gegenwärtig, um das wir im Vater Unser beten. Da bauen wir an der Brücke zu Gott, an einer Verbindung, die er selbst einst zu Noah hergestellt hat mit dem Zeichen des Regenbogens (Gen 9, 13).

Bruder Feuer

Gelobt seist Du, mein Herr,
für das Feuer,
durch das Du die Nacht erhellst.
Und schön ist es und fröhlich
und kraftvoll und stark.

… Feuer – Licht und Wärme … sich begeistern lassen
… Feuer und Flamme sein … nicht gefahrlos …

Feuer verbreitet Licht, Gemütlichkeit und Wärme. Wir kennen dieses wohlige Gefühl, wenn wir nach einem langen Winterspaziergang nach Hause kommen und uns am Kachelofen oder am Kamin auf die Bank setzen, um uns aufzuwärmen. Wenn bei einem Stromausfall plötzlich das Licht ausgeht, kann eine kleine Kerzenflamme einen dunklen Raum so hell machen, dass wir uns darin zurechtfinden. Doch Feuer kann auch, wenn es außer Kontrolle gerät, zur Gefahr und zum Schrecken werden und alles zerstören. Berge, die Feuer speien, Blitze am Himmel versetzen Menschen immer wieder in Angst.

Sowohl im Alten als auch im Neuen Testament gibt es verschiedene „Feuerstellen“, immer als Zeichen für Gott: Gott spricht zu Mose in einem brennenden Dornbusch (Ex 3,2-4). Eine leuchtende Feuersäule zeigt dem Volk Gottes den Weg durch die Wüste(Ex 13,21-22). Der Heilige Geist erscheint über den Köpfen der Jünger als brennende Feuerzunge (Apg 2,3-4). Am Osterfeuer entzünden wir die Osterkerze, die Licht in das Dunkel der Kirche bringt. Und auch aus dem außerkirchlichen Bereich kennen wir dieses Symbol, wenn z. B. das olympische Feuer durch die Welt getragen wird.

Die Jünger ließen sich begeistern. Sie haben „Feuer gefangen“, waren „Feuer und Flamme“ für die Botschaft Jesu Christi. Die Geschichte zeigt uns, dass viele nicht nur der ersten Christen für ihren Glauben „durchs Feuer gingen“ und sich, indem sie die Botschaft weitertrugen, nicht selten „die Zunge verbrannten“. Feuer – ein Symbol für „entflammt sein“, für „sich entzünden lassen“, für Liebe und Leidenschaft und somit für den Geist Gottes.

Auch Franziskus hat sich begeistern lassen. Er hat in seinem und durch sein Leben anderen Menschen Licht und Wärme geschenkt und viele für dieses Leben in der Nachfolge Jesu Christi entflammen können. Doch dieses Feuer, das in ihm und seinen Mitbrüdern entbrannt war, das von ihnen wie bei einer Kerze eine völlige Hingabe erforderte, stieß oft auf Unverständnis, auch bei seinen Kirchenoberen. Für jemanden die „Hand ins Feuer legen“, für jemanden „durchs Feuer gehen“ beinhaltet auch die Gefahr, dass ich mich dabei verbrenne. Bist du zu diesem Risiko bereit? Lässt du dich darauf ein?

Wenn mehrere Menschen sich entzünden lassen, wenn das Feuer immer wieder zu anderen getragen wird, wird es weiter brennen.

Ein Funke, kaum zu seh'n, entfacht doch helle Flammen,
und die im Dunkeln steh'n, die ruft der Schein zusammen.
Wo Gottes große Liebe in einem Menschen brennt,
da wird die Welt vom Licht erhellt,
da bleibt nichts, was uns trennt.
Nimm Gottes Liebe an, du brauchst dich nicht allein zu müh'n,
und seine Liebe kann in deinem Leben Kreise zieh'n.
Und füllt sie erst dein Leben und setzt sie dich in Brand,
gehst du hinaus, teilst Liebe aus,
denn Gott füllt dir die Hand.

Aus: Troubadour für Gott, Echter 1999: Nr. 7 Ins Wasser fällt ein Stein, 2. u. 3. Strophe

Bruder Wind

Gelobt seist Du, mein Herr,
für den Bruder Wind,
für Luft und Wolken, für heiteres und jegliches Wetter,
durch das Du Deine Geschöpfe am Leben erhältst.

... Wir sitzen alle in einem Boot. ...

Wind kann sanft, aber auch heftig sein. Ein leichter Luftzug bringt an einem heißen Sommertag ein Aufatmen. Ein starker Wind, ein Sturm, vermag Bäume zu entwurzeln und Häuser abzudecken. Wind kann Angst machen, er kann aber auch Dinge bewegen und Auftrieb geben. Wind ist bewegte Luft. Und Luft brauchen wir zum Atmen, zum Leben. Hinter Wind und Sturm wurde immer eine höhere Macht vermutet. In der Genesis haucht Gott dem Menschen den Atem ein (Gen 2, 7). Am Pfingsttag erhebt sich ein Brausen, dies ein Symbol für den Heiligen Geist (Apg 2, 2).

Vielleicht ist es verwunderlich, dass hier in der Rhön, mitten auf der grünen Wiese, wo weit und breit kein Fluss und kein See zu finden sind, ein Segelboot steht. Doch dies ist keine „Spinnerei" des Künstlers. Wir kennen ein Lied mit dem Titel: „Ein Schiff, das sich Gemeinde nennt, fährt durch das Meer der Zeit. Das Ziel, das ihm die Richtung weist, heißt Gottes Ewigkeit ...". Wir sitzen alle im gleichen Boot, wir, die Gemeinde an einem Wohnort, aber auch die Gemeinschaft der Menschen auf der ganzen Welt. Wir gehören dazu und tragen damit alle die gleiche Verantwortung. Wir sind die Mannschaft auf dem Schiff mit dem Auftrag, dafür zu sorgen, dass es nicht kentert und eines Tages im gewünschten Hafen landet. Ein Schiff zu steuern, das geht nur im Team. Und gerade in bedrohlichen Situationen muss diese Mannschaft zusammenhalten und immer das gemeinsame Ziel im Blick haben. Dies können wir auf die Schöpfung übertragen, die es zu bewahren gilt. Wenn wir gegeneinander arbeiten, wenn jeder nur sein eigenes Interesse in den Vordergrund stellt, zerstören wir die Schöpfung und damit uns selbst, unser Leben und das unserer Nachkommen.

... Gottes Geist weht, wo er will: Nur wenn ich meine Segel in den Wind stelle, dann kann ich aufbrechen zu neuen Ufern. ...

Jedes Schiff braucht auf seiner Fahrt durchs Meer einmal einen Ankerplatz, um aufzutanken, und damit sich die Mannschaft ausruhen und neue Kraft schöpfen kann. Doch es darf nicht hier liegenbleiben, denn dann „tümpelt es vor sich hin“ und wird den Hafen, in den es einlaufen will, nie erreichen. Damit es wieder in Bewegung kommt, müssen die Segel neu gesetzt werden, muss die Mannschaft bereit sein zum Auslaufen, zu neuem Aufbruch. Um ein Segelschiff wieder in Bewegung zu bringen, braucht es den Wind. Der Wind – ein Symbol für den Heiligen Geist. „Gottes Geist weht, wo er will.“ Er hat einst die Jünger in Bewegung gebracht, und Franziskus nennt ihn den „Generalminister seines Ordens“. An dir und mir liegt es heute, die Segel auszurichten, sie so in den Wind zu stellen, dass er angreifen kann und uns miteinander bewegt. Dies erfordert eine gewisse Risikobereitschaft, denn wie die Schiffsbesatzung auf hoher See werden auch wir uns in unserem Leben immer wieder vor neue Herausforderungen und Entscheidungen gestellt sehen. Dann ist das Engagement jedes Einzelnen von uns gefragt, und wie Kompass und Sextant die Wegweiser der Seefahrt sind, brauchen wir Menschen, die uns beratend zur Seite stehen und uns wieder Ziel und Richtung geben. Wir brauchen Momente der Ruhe, um auszuspannen, um uns zu besinnen, welche Träume und Sehnsüchte wir verwirklichen wollen und ob der Kurs noch stimmt. Und der Geist Gottes, den Jesus uns versprochen hat, wird uns dabei helfen, in Fahrt und sicher anzukommen, wenn wir ihn zulassen. Dieser Atem, dieser Wind, diese Luft Gottes, sie machen uns lebendig, und mit jedem Atemzug, mit jedem Windhauch sind wir verbunden mit unserem Gott. Wir dürfen diese Luft einatmen und ausatmen, geben und nehmen, Gott gibt uns die Freiheit zu entscheiden, wann, wie oft und wie viel; ein Zeichen seiner Liebe und der Freiheit, die er uns schenkt.

Die Bestimmung eines Schiffes und seiner Mannschaft ist es, hinaus auf's Meer zu fahren. Die Bestimmung eines Schiffes und seiner Mannschaft ist es, in einem Hafen anzukommen. Wir sitzen alle im gleichen Boot.

Alles was atmet, lobe den Herrn!

Lobet und preiset den Herrn
und dankt und dient ihm
mit großer Demut.

... Ich werfe meine Freude wie Vögel an den Himmel
... Was da aus mir kommt, was da um mich ist, ist Hochachtung, Lob und Dank ...

Was heißt denn „loben"? Wer lobt – nicht sich selbst, sondern einen anderen – schaut über sich hinaus. Er bezeugt dem anderen seine ehrliche Anerkennung. Loben befreit mich aus dem Gefängnis der Ichbesessenheit, denn es verlangt, dass ich mich selbst zurückstelle, indem ich den anderen mit in den Blick nehme, ihn anerkenne und hervorhebe. „Lob ist wie eine Feder. Von Zeit zu Zeit ein Lob, und die Menschen bekommen Flügel." Kardinal Newman meint: „Einer, der andere lobt, ist für seine Umgebung immer einer, der strahlt und leuchtet."

Franziskus fasst in diesen letzten drei Zeilen seinen Sonnengesang, sein Lob und seinen Dank an den Schöpfer noch einmal zusammen.
Wenn wir die Stele vor uns betrachten, könnten wir meinen, die Künstlerin habe das Morgengebet eines afrikanischen Christen umgesetzt, das genau darauf passt, ein Lobpreis der Schöpfung auf den Schöpfer Gott:
„Herr, ich werfe meine Freude wie Vögel an den Himmel. Die Nacht ist verflattert, und ich freue mich am Licht. So ein Tag, Herr, so ein Tag! Deine Sonne hat den Tau weggebrannt vom Gras und von unseren Herzen. Was da aus uns kommt, was da um uns ist an diesem Morgen, ist Dank. Herr, ich bin fröhlich heute, am Morgen. Die Vögel und Engel singen, und ich jubiliere auch. Das All und unsere Herzen sind offen für deine Gnade. Ich fühle meinen Körper und danke … Herr, ich freue mich an der Schöpfung und dass Du dahinter bist und daneben und davor und darüber und in uns. Ich freue mich, Herr, ich freue mich. Die Psalmen singen von Deiner Liebe, die Propheten verkündigen sie, und wir erfahren sie. Herr, ich werfe meine Freude wie Vögel an den Himmel. Ein neuer Tag, der glitzert und knistert, knallt und jubiliert von Deiner Liebe. Jeden Tag machst Du. Halleluja, Herr!“
aus: Gebetsstunde, Schöpfung bewahren, KBA Würzburg

Der Lebensweg

Einführung

Zusätzlich zu den zehn Kunststationen zum Sonnengesang ist ein „Lebensweg“ mit sieben Lesestationen eingeflochten. Mit Bildern aus dem Alltag der Menschen unserer Zeit möchten wir Ihnen hier Reflexionen zum Thema „Lebensweg“ anbieten und damit gedanklich an Franziskus heranführen. Wir möchten Sie einladen, sich einmal auf diesen Weg einzulassen, und wir sind sicher, Sie können sich mit Ihrem Leben in jeder Station wiederfinden.
Die sieben Lesestationen greifen in Wort und Bild folgende Themen auf:

- Ich bin unterwegs
- Weg von der Überholspur
- Die Kreuzung
- Wegbegleiter
- Der Wegweiser
- Umwege
- Blick ins Weite

Ich bin unterwegs

In meinem Leben
bin ich immer unterwegs.
Ich bin unterwegs als Fußgänger,
als Rad- oder Autofahrer.
Deshalb sind mir die Bilder
von Straßen und Wegen so vertraut.

Aber auch mein Leben ist ein Weg.
Ich bin ständig in Bewegung:
zeitlich, räumlich und innerlich.

Der Weg als Bild für mein Leben
umfasst alles,
was mich bewegt und bedrängt,
was mir begegnet und geschieht,
was ich erkunde und erleide,
was ich anstrebe und erreiche,
was ich festhalte und loslasse,
was ich zulasse und verändere.

Auf meinem Weg
sammle ich Erfahrungen,
Erfahrungen des Aufbrechens,
des Unterwegsseins,
der Veränderung,
des Gehens auf ein Ziel hin,
der Verwirrungen
und des Ankommens.

Im Wort „Weg“ steckt „bewegen“,
aber auch „wägen“ und „wagen“
entstammen der gleichen Sprachwurzel.
Wer sich auf den Weg macht,
muss immer wieder abwägen
und nicht selten auch etwas wagen.

Denn – einen Weg gehen
heißt weggehen.
Wer neue Wege gehen will,
muss bereit sein,
die alten zu verlassen.
Wer sich auf den Weg macht,
wagt die Veränderung von sich selbst.

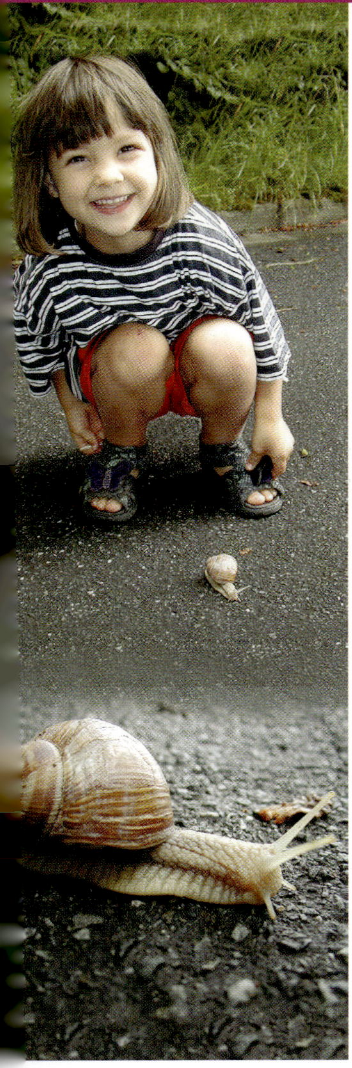

Weg von der Überholspur

Du stehst hier an einer
relativ stark befahrenen Straße.
Wenn du dem Wegweiser folgst,
überquerst du sie jetzt,
lässt sie hinter dir
und begibst dich in ein Gebiet
fernab von Lärm und Trubel,
wo du nur noch zu
Fuß vorwärts kommst,
Schritt für Schritt,
nach deinem
eigenen Rhythmus.

Wie oft bewegst du dich
auf deinem Lebensweg
auf der Überholspur,
bist getrieben,
flitzt durchs Leben
wie die Autos
auf der Straße nebenan.
Wie sehr bist du dabei
Stress und Hektik ausgesetzt,
und wie laut ist die Welt
oft um dich herum:
Motoren, Maschinen, Sirenen.
Deine Organe und Sinne
werden dauernd strapaziert.
Und das betrifft
nicht nur deine Ohren.

Auch Licht und Farben
können laut sein:
Scheinwerfer,
Discolampen,
Schlagzeilen.

Viele Menschen unserer Zeit
scheinen diesen Lärm zu brauchen.
Vielleicht deshalb,
damit sie nicht zu sich kommen,
weil sie etwas verdrängen wollen,
was für sie unlösbar scheint?

So wie Franziskus
einmal innehalten.
Sich selbst auf der Flucht
in den Weg stellen.
Die Überholspur verlassen.
Offene Sinne haben
für die leisen Töne,
für die Schönheit der Welt.
Die Ruhe genießen.
Nach innen schauen.
Sich selbst wahrnehmen.
Zu sich selbst finden.
Verborgene Saiten
zum Klingen bringen.
Sich entfalten.

Die Kreuzung

Du stehst nun an einer Kreuzung,
musst dich entscheiden, welchen
Weg du einschlagen willst.

Wie oft stehst du an einer Kreuzung,
auch in deinem Leben.
Wie oft stehst du vor Entscheidungen
und fragst dich, welcher Weg
der richtige für dich ist,
auf welchem Weg du an
dein gestecktes Ziel gelangst.

Dein Weg ist nicht immer
einfach und bequem.
Manchmal musst du dich
Hindernissen stellen,
musst Situationen bewältigen,
die dir Angst machen.
Ab und zu kannst du dich
vielleicht nicht entscheiden
und lässt das Leben für dich wählen.
Hin und wieder wählst du bestimmt
auch einmal das Risiko, bist mutig
und wagst etwas.
Doch auf jedem eingeschlagenen
Weg gibt es bald wieder neue
Entscheidungen zu treffen.
Wieder ist da eine Abzweigung,
ein neues Risiko, eine größere
Unsicherheit.

Wie an einer Kreuzung bietet dir das
Leben immer wieder mehrere Wege an.
Doch du kannst sie nicht alle gleichzeitig
gehen,
um keine Chance zu verpassen,
denn dabei würdest du dich zerreißen.
Du bist aus einem Stück gemacht.

Wer leben will,
der muss entscheiden:
Ja oder nein,
im Großen und im Kleinen.
Wer sich entscheidet,
wertet,
wählt.
Das aber bedeutet auch Verzicht.
Denn wenn du dich für einen Weg
entscheidest, verschließen sich
dir die anderen.

Jedes Ja ist zugleich ein Wagnis
und verlangt ein Ziel.
Kennst du dein Ziel?

Franziskus hat sich entschieden.
Er hat Ja gesagt zu Christus und
dessen Botschaft der Liebe.
Und er hat seine Entscheidung
überzeugend gelebt
nach dem Motto:
Der Weg ist das Ziel.
Ich lebe mein Ziel.
Schon jetzt auf dem Weg.
Schritt für Schritt.
Heute – morgen – übermorgen …

Wegbegleiter

Der Weg führt nun über einen
steilen Abhang hinunter zum Bach.
Zur Sicherung ist hier ein Geländer
angebracht, an dem du dich
festhalten kannst.

Kein Lebensweg ist immer
ein gemütlicher Spaziergang
auf einer breiten, ebenen Straße.
Sicherlich gab es auch in
deinem Leben schon Steilstufen,
wo du das Gefühl hattest,
auszurutschen, zu stolpern
oder gar zu fallen.
Situationen wie Angst,
Unvermögen, Schmerz,
Trauer oder Ausweglosigkeit.
Situationen, die ein Wagnis forderten,
einen Schritt ins Ungewisse, die auch
das Risiko des Scheiterns in sich bargen.

Wie gut, wenn es da Menschen gab,
die dir zur Seite standen,
die dich begleitet haben,
an denen du dich festhalten konntest
wie an diesem Geländer neben dir.

Wie beruhigend, wenn du
Menschen um dich hast,
die deine Entscheidungen mittragen,
denen du vertrauen und
auf die du dich verlassen kannst,
die mit dir verbunden sind
und dir Halt geben,
wenn du zu fallen drohst.

Selbst ein Mensch wie Franziskus
war auf diese Wegbegleiter
und Freunde angewiesen,
auf die Gemeinschaft mit
seinen Brüdern und
die Verbundenheit mit Klara.
Sie waren ihm gerade
in seinen schweren Stunden nahe.
Vor allem aber vertraute er darauf,
von einem noch größeren Könner
gehalten zu sein: seinem Schöpfer,
der ihn wie ein Bergführer sichert
mit einem unzerreißbaren Seil,
einem Seil, das aus
unzähligen Fäden
der Liebe gewoben ist.

Ich wünsche dir
einen Menschen,
der dich liebt und versteht.
Der dich liebt, weil er dich versteht.
Der dich versteht, weil er dich liebt.
Ich wünsche dir
einen Menschen,
der dich braucht.
Den du liebst, weil du ihn verstehst.
Den du verstehst, weil du ihn liebst.

Ich wünsche dir
die Zuversicht des heiligen Franziskus:
Gott ist da.
Und er ist für dich da.
Immer.

Der Wegweiser

Wieder stehst du
an einer Abzweigung
und musst dich orientieren,
wie der Weg weitergeht.

Wenn du wie hier in
unbekanntem Gebiet
unterwegs bist,
ist es gut, wenn irgendwo
dazwischen ein Wegweiser steht.
Und du verlässt dich darauf,
dass er dir den Weg zeigt,
den du gehen willst.

Auch auf deinem Weg
durchs Leben ist es wohl so,
dass du hin und wieder
Menschen brauchst,
die für dich Wegweiser sind.
Menschen, um die du froh bist,
wenn sie beruhigend und klärend
aus dem Nebel auftauchen,
der dich manchmal umgibt.
An diese Menschen stellst du
dieselben Erwartungen
wie an die Wegweiser:

Sie müssen stimmen –
überzeugend Wahrheit
und Richtung angeben
und dorthin weisen,
wo das Ziel ist.

Du musst sie lesen und
verstehen können –
sie dürfen keine
Botschaften vermitteln,
die verschlüsselt oder
zu kompliziert sind.

Und sie müssen
am Rande stehen –
Hinweistafeln,
die mitten auf dem Weg stehen,
die sich in den Mittelpunkt stellen,
sind keine Wegweiser,
sondern Hindernisse.

Franziskus stand fest in seinem Glauben.
Er hat ihn gelebt und wurde damit
zu einem überzeugenden Wegweiser,
auf den sich viele seiner Weggefährten
eingelassen haben.

Auch du bist Wegweiser:
als Vater oder Mutter,
als Oma oder Opa,
als Freund oder Freundin,
als Vorgesetzter …

(in Anlehnung an Reinhold Stecher
in seinem Buch „Botschaft der Berge“)

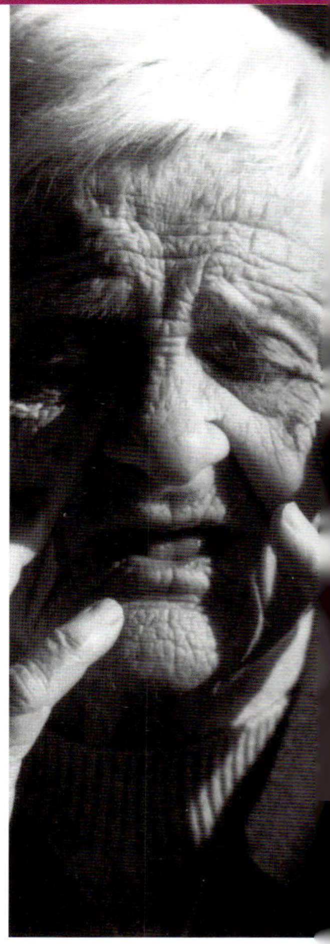

Umwege

An dieser Stelle wird
ein kleiner Umweg nach
rechts vorgeschlagen.
Er lohnt sich.
Wie manchmal auch im Leben.

Nur selten ist ein Weg von
Anfang bis Ende sichtbar.
Auch dein Lebensweg ist es nicht.
Oft siehst du nur den nächsten Schritt.
Gott sei Dank!
Denn vielleicht wärst du sonst
überwältigt von dem,
was vor dir liegt.
Deine Kurzsichtigkeit ist
deshalb auch eine Gnade.
So wird deine ganze Kraft frei
für den nächsten Schritt,
und du kannst dich
auf den Moment konzentrieren,
den es gerade zu bewältigen gilt,
auf den Augenblick, der wieder
so viele Möglichkeiten in sich birgt.

Manchmal stellst du vielleicht fest,
dass ein Weg nicht der richtige war.
Dann heißt es zurückgehen,
neu suchen.
Dir wird klar, dass du einen
Umweg gemacht hast.
Und meistens bist du
darüber ärgerlich.

Und doch:
Sind es nicht auch die
verschlungenen Pfade,
die verworrenen Gefühle
und die Irrtümer, die dich
lernen und reifer werden lassen,
die dich unterwegs sein lassen,
um zu werden, wer du bist?

Vielleicht gibt es
gar keine Umwege.
Vielleicht sind dies Wege,
die du gehen musst, um
Erfahrungen zu sammeln
und zu erkennen, auf welchem Weg
du dich eigentlich bewegen möchtest.
Umwege gehören zu deinem Leben.

Manchmal bist du frustriert,
denkst, es gäbe überhaupt
keinen Weg für dich.
Dann musst du dir einen bahnen.
Denn du kommst nirgendwo an,
wenn du stehen bleibst
und nicht losgehst.

Ich wünsche dir,
dass du ja sagen kannst
zu deinem Weg,
auch wenn er nicht immer
geradlinig verläuft
und du ihn nicht magst.
Er gehört zu dir,
zu deiner Geschichte.
Du bist ein einmaliges Wesen
mit einem einmaligen Weg,
ein einmaliger Gedanke
deines Schöpfers.

Die Weite

Wenn du an dieser Stelle
noch einmal anhältst und
dich umschaust, hast du
– besonders bei schönem Wetter –
einen wunderbaren Fernblick.
Und vielleicht spürst du,
dass diese Weite dir gut tut.

Oft siehst du auf deinem
Lebensweg nur das Nahe,
das Vordergründige.
Gültigkeit hat das, was messbar ist,
was du logisch begründen kannst.
Interessant ist das,
was nützlich und praktisch ist,
was Gewinn bringt.
Auch Franziskus war dieser
Lebensstil in seinen
jungen Jahren vertraut.
Heute tut die Werbung
ihr Übriges dazu:
Tolle Autos, Schönheitsmittel,
die neueste Mode werden
als das höchste Glück angepriesen.
Und der Alltag, in den du
eingespannt bist, scheint dein Leben
sowieso zu erfüllen.
Unzählige belanglose Kleinigkeiten
drängen sich dabei in den Vordergrund.

So ist die Optik deines Herzens meist
auf „nah", auf „macro" gedreht,
wie bei einer Kamera, mit der du auf der
Suche nach einem Schmetterling bist.
Doch damit verschwindet der Horizont.

Die Hintergründe deines Lebens
geraten aus dem Blick,
werden unscharf, verschwimmen.

Und dennoch gibt es so viele
andere Dinge, die dein Leben
lebenswert machen.
Wenn Herz und Geist immer nur
auf „nah", auf das Vordergründige
eingestellt sind, schwinden die
tragenden Wirklichkeiten des Lebens.

Gerade auf steilen und
beschwerlichen Wegen tut es gut,
einmal innezuhalten, durchzuatmen
und in die Weite zu blicken.
Dabei relativieren sich die
kleinen alltäglichen Dinge.
Um zu erkennen, was dir
im Leben wichtig ist,
musst du am Objektiv
deines Herzens ab und zu
„zoomen", auf Weite drehen,
und dahin schauen,
wo dieses Zeichen zu sehen ist: ∞,
das Zeichen für „unendlich" –
ein Schlüssel zum Verständnis
von Franziskus, seinem Leben
und seiner Botschaft.

(in Anlehnung an Reinhold Stecher
in seinem Buch „Botschaft der Berge)

Die Kapelle

T raum

Die Kapelle,
Einkehr und Andacht
Es gibt keine Fassaden, kein Ziegeldach, keine Tür; vielmehr ist das Bauwerk ein dreidimensionales Naturbild, eine „Skulptur" in der Landschaft der Hochrhön.
Licht, Schatten, Transparenz sowie ein notwendiges Gewicht, Offenheit und Geborgenheit, Proportionen, jedoch ohne strenges Regelmaß, sind oder wurden im Entwurfsprozess Gestaltungselemente für den Neubau.
Die Vorgaben des Initiators:

- ein Andachtsraum
  mit der notwendigen räumlichen Ruhe für das Gespräch mit Gott,
  mit Sitzgelegenheit für 60 Personen – „eine Busladung" und
- ein Schutzbereich für die Rast des Wanderers

wurden mit dem Grundrisszuschnitt in der Geometrie des franziskanischen T – Tau verwirklicht.
Der Schutzbereich öffnet sich nach Süden hin zum Besucherparkplatz, der Andachtsraum ist der Ruhe des Waldes in Richtung Nord-Ost zugewandt. Es entstand ein klares Ordnungssystem mit unverwechselbaren Bereichen. In der Rhön kann eine Kapelle aus meiner Sicht nur aus den Materialien gebaut werden, die uns die Rhön bereitstellt. Ich wollte ein Bauwerk errichten, welches durch Material und Konstruktion aus der Natur wächst und somit Teil der Natur wird. Basalt, Muschelkalk und Buntsandstein sind die Gesteine der Hochrhön. Die jüngste Gesteinsart, ich nenne sie den Benjamin der Rhön, wurde aus den Rhönvulkanen vor 20 Millionen Jahren gefördert. Heute ist Basalt, bedingt durch Erosion, an den Oberflächen der Höhenlagen in allen Formen präsent. Muschelkalk und Buntsandstein sind die Gesteine des Untergrundes. Unbemerkt tragen sie die Landschaft der Hochrhön. So wurden die wichtigsten Tragkonstruktionen, wie Fundamente, Trennwand zwischen Andachts- und Schutzbereich (der senkrechte Stab des franziskanischen T – Tau, im Grundriss betrachtet) sowie ein Teilbereich der Rückwand des Andachtsraumes, aus Beton bzw Stahlbeton hergestellt. Die Zuschläge, d.h. die Füllstoffe für diese Betonbauteile bestehen aus Muschelkalkschrotten. Diese sind durch Wasser und Zement gebunden. Der rote Sandstein findet seine Anwendung in der Ausstattung des Andachtsraumes. Der Basalt bekommt beim Bau der Franziskuskapelle eine besondere Rolle. In Stahlkörben gefasst steht er als Rückwand der Kapelle da. Keine massiv gemauerte Wand, eine Schüttung aus gekörntem Material eines Rhöner Steinbruchs. Er soll dem Besucher, wenn er oder sie es will, in seiner Andacht Fassung und Rückhalt gewähren. Die flächigen Dachkonstruktionen, Sichtkonstruktionen aus zwei ungleich großen Quadra-

ten in geringer Neigung, wurden aus 93 Eichebaumstämmen bis zu einer Länge von 10,50 m hergestellt. Die Rinde der Rundlinge wurde abgeschält, die Holzoberflächen blieben unbehandelt. Eine besondere Eindeckung gibt es nicht, es wurde eine Folienabdichtung mit einem Substrat aus Vulkanasche sowie Sanden und Schotter aufgebracht. Die Dachbegrünung wird der Natur überlassen. Im Andachtsbereich sitzt der Besucher auf Bankreihen aus gehobelten Eichenholzdielen, im Schutzbereich auf den typischen Ruhebänken des Biosphärenreservates. Die Treppenanlage für die Erschließung der steigenden Reihen im Andachtsraum wurde mit Basaltpflaster, dem Gehweg- bzw. Straßenbelag des naheliegenden Rhönstädtchens Ostheim vor dessen kürzlich durchgeführter Stadtsanierungsmaßnahme, belegt. In Verbindung mit der Betonwand zwischen den beiden Hauptfunktionen wurde ein lebendes Weidengeflecht eingebaut, eine Würdigung der Schöpfung. Das Glas-Tau in der Rückwand und der „Träumer" im Zentrum des Andachtsraumes bilden die Kernelemente der Kapelle, für mich sind sie gemeinsam die Seele des Bauwerks. Ich will diese beiden Objekte nicht erklären oder meditieren, dies steht mir nicht zu. Ich will Ihnen aber meine Begeisterung vermitteln und Sie neugierig machen.

Peter Dechant
Architekt

Tritt ein

Tritt ein.
Die Tür ist offen
für jeden, der kommt,
für jede, die kommt.

Tritt ein
in die Stille,
in die Ruhe,
in den heiligen Raum.

Die Tür ist offen.
Kapelle – heiliger Raum,
erfüllt vom Atem Gottes.

Tritt ein.
Der Eintritt ist frei.
Er kostet nur ein offenes Herz.

in Anlehnung an Hans Würdinger,
Würzburger Katholisches Sonntagsblatt,
Nr. 23 v. 05. Juni 2005

Der Träumer

Wenn Sie die Kapelle betreten, begegnen Sie einem sitzenden, nackten Mann. Dieser Mensch zeigt Demut wie Franziskus. Er ist ein Hörender – die leisen Botschaften Gottes bedürfen der Ruhe. Und er ist nackt – so wie Franziskus, als er vor dem Dom von Assisi seine Kleider ablegte als Zeichen der Entledigung alles Überflüssigen. Der Künstler hat die Skulptur aus einem Eichenwürfel von einem Meter Kantenlänge herausgeschnitten. Wir haben sie den „Träumer" genannt. Der Träumer lädt ein:

Tritt ein.
Komm her.
Nimm Platz.
Du bist einen weiten
Weg gewandert,
bist müde,
darfst dich ausruhen.
Komm in die Stille.
Komm zu dir.
Komm ins Gespräch
mit dir,
mit deinem Nachbarn,
mit Gott.
Du, so wie du bist,
du, die und der du bist,
du bist willkommen.
Hier ist Raum für
aufrecht stehende,
für starke,
für gebeugte,
belastete und
schwache Menschen.
Gott sagt Ja zu dir,
zu dir,
in Stärke und in Schwäche.

Günter Werner

Das Tau

Unübersehbar, farbenfroh und durchdrungen vom Licht stehen Sie in der Kapelle dem gläsernen Tau gegenüber, dem Franziskuskreuz. In diesem Tau bündeln sich Erfahrungen, Symbole und Gedanken des Weges. Alle Linien der Ornamentik sind dem Kreis bzw. der Ellipse entnommen, einem Symbol der Vollkommenheit und des Unendlichen. Wenn zwei Ellipsen sich schneiden, ergibt sich die Form des Fisches, des Zeichens, das die ersten Christen benutzten, um sich gegenseitig zu erkennen; ein Zeichen der Verbundenheit mit Jesus Christus. Der Fisch, der in der griechischen Sprache „ichthys" heißt, beinhaltet gleichzeitig ein Synonym für den Auferstandenen, denn die einzelnen Buchstaben des ichthys können auch als Abkürzung gedeutet werden für: Jesus. Christus.Gottes.Sohn.Retter – I.Ch.Th.Y.S. Die Farben im Glas des Tau spiegeln die Inhalte der verschiedenen Strophen des Sonnengesanges wider: blau für das Wasser, aber auch für den Himmel – grün und braun für Erde und Wachstum – violett sowohl für Tod und Trauer, als auch für Umkehr und Buße – rot für die Liebe. Die Farbe rot erscheint dreimal, ein Hinweis auf die göttliche Zahl, die Zahl der Dreifaltigkeit. Besonders ins Auge fällt das strahlende Gelb im Mittelpunkt als Farbe des Lichtes, der Sonne, des österlichen Lichtes, der Auferstehung und der Freude. Das Tau hat die ursprüngliche Form des Kreuzes, die Form des Marterinstrumentes, wie es die Römer einst benutzten. Das Kreuz aber, das der Auferstehung vorangegangen ist, bedeutet für uns die Erlösung, den Weg vom Dunkel ins Licht. So ist es kein Zufall, dass dort, wo das Glastau eingebracht wurde, die Betonwand in zwei Ebenen gestaltet ist: das Kreuz als Brücke, als Übergang von einer Ebene in eine andere, vom irdischen Leben zum Leben bei Gott. Das Kreuz, das T, hat einen vertikalen und einen horizontalen Balken; zwei Richtungen, die darauf hinweisen, dass die göttliche Liebe und die Liebe zu Gott sowie die Liebe zum Menschen, zur Natur und zur Schöpfung untrennbar zusammengehören. Die Liebe zu Gott muss geerdet sein, und Gott ist in unserem irdischen Leben gegenwärtig. Von ihm kommt aller Segen – pax et bonum – Frieden und Heil – der Segenswunsch, der aus dem Tau fließt – der Segen, der von Gott kommt und über das Kreuz und Franziskus weitergegeben wird zu uns Menschen. Und, wer von Gott gesegnet ist, ist eingeladen, diesen Segen weiterzureichen. Wie Franziskus in der Nachfolge Christi zu leben, heißt, beides im Blick zu haben; heißt, in einem friedlichen Miteinander mit dem göttlichen Wind in den Segeln ein gemeinsames Ziel anzusteuern.

Der Ort, an dem die Franziskuskapelle steht, gehörte bis zum Ende des Zweiten Weltkrieges zu Thüringen. Das Tau, von einem Thüringer Künstler gestaltet und in der Rhön errichtet, darf eine symbolische Brücke schlagen: Was einmal durch den Eisernen Vorhang getrennt wurde, ist nun wieder verbunden. Glas aus Thüringen vereint mit dem Basalt der Rhön im Zeichen des Tau – ein Symbol des Friedens.

Gedanken des Künstlers

Licht ist vielgestaltig und für alle Lebewesen von umfangreicher Bedeutung. Licht bedeutet in erster Linie Sehen und damit Wahrnehmen des Bestehenden und der Veränderung. Licht ist aber auch Lebensmittel. Entzieht man Lebewesen das Licht, gehen sie ein. Menschen werden nicht selten depressiv. Ohne Licht ist das Überleben schwer. Ich bin dankbar für mein Augenlicht. Ich bin dankbar, dass ich sehen darf.
Licht ist unverzichtbar, und zwar für Körper und Seele. So hören wir zum Beispiel: „Am Ende des Tunnels gibt es immer ein Licht" oder „du zeigst mir etwas in einem anderen Licht", „mir geht ein Licht auf". Licht hat also auch im übertragenen Sinne eine Bedeutung. Es ist für mich Geborgenheit, Hoffnung und Erkenntnis und damit auch ein Symbol für unseren Gott, ein Symbol der Erleuchtung. Den Weg des Lichtes zu gehen macht Sinn. In meiner künstlerischen Arbeit hat Licht in Verbindung mit der Transparenz des Glases eine wesentliche Bedeutung. Durch Farb- und Formgestaltung ergeben sich zahlreiche Symbole und Informationen für den Betrachter. Ich darf meine Gefühle und Empfindungen übertragen und hoffen, auf Resonanz zu stoßen.

Ausgehend vom Thema „Der Sonnengesang des heiligen Franziskus von Assisi" habe ich versucht, das Lied in seinen zehn Strophen meditativ zu verarbeiten. Das Licht wurde in seine farblichen Bestandteile zerlegt und sollte hierdurch eine symbolische und sinnliche Zuordnung zu den Elementen Erde, Luft, Wasser und Feuer erfahren. Die Farbe Gelb im Zentrum des Tau versinnbildlicht den Lobpreis auf den Herrn als Zeichen der Geborgenheit und der Erleuchtung. Die ruhende Ausgewogenheit im transparenten Innenbereich des Tau war dabei meine gestalterische Absicht. Ebenso gewollt waren die Farbeffekte, die sich durch das Hintereinanderschalten der verschiedenen farblich gestalteten Glassegmente ergeben und dadurch neue Eindrücke entstehen lassen. Der in die Tiefe gehende sog. „Treppeneffekt" sollte ein Hinweis auf die Veränderbarkeit sein. Dieser erhöht die innere Spannung im Objekt, ohne jedoch die Harmonie zu stören.

Jürgen Schönberger
Glasgestalter
Arnstadt/Thüringen

Grenzen-los

Außerhalb der Kapelle haben wir die Verbindung zu Thüringen noch einmal aufgegriffen mit Originalteilen des Metallzaunes, der einst auch auf der Hochrhön stand, einem Teil dieses Eisernen Vorhanges, der Menschen über Jahrzehnte hinweg getrennt und verletzt hat: Erinnerung, Mahnung, Dankbarkeit für das Wieder-Vereinte. Die Teile des Grenzzaunes wurden geometrisch gefasst: der fallende Zaun, durchwachsen von roten Rosen, Zeichen der Liebe und des Friedens; die Dornen der Rose als Erinnerung an Schmerzvolles und Mahnung zu Behutsamkeit und achtsamem Umgang miteinander.
„Es gibt Türen, die sich wieder öffnen,
Worte, die das Schweigen durchbrechen,
Gesten der Versöhnung und erste Schritte
auf dem Weg zu einem Neuanfang."

Christa Spilling-Nöker

Gewalt endet, wo Liebe beginnt.
„Die Liebe trägt alles,
die Liebe glaubt alles,
die Liebe hofft alles." *(1 Kor 13, 7)*

Die Liebe überwindet Mauern,
die Liebe durchbricht Zäune,
die Liebe lässt aufbrechen und blühen.

Mit dem Bau der Kapelle gewachsene Gedanken

- ein Andachtsraum ohne Seitenwände, ohne verschließbare Türen, dem Wetter teilweise ausgesetzt:
  Kirche – offen zur Welt
  Kirche – offen für die Welt

- die grüne lebende Weidenwand, die sich je nach Jahreszeit verändert – Schöpfungsgedanke:
  Kirche – dem Wandel unterworfen,
  doch mit gleichbleibenden Wurzeln

- das immer wiederkehrende Quadrat:
  Symbol für die vier Elemente (Feuer, Wasser, Luft, Erde)
  Symbol für die vier Himmelsrichtungen

- vor dem Geländer die Weinstöcke aus Assisi:
  Verbindung zur Heimat des heiligen Franziskus
  Erinnerung an die biblische Aussage: Ich bin der Weinstock, ihr seid die Rebzweige (Joh 15, 5)

- das geflochtene Kreuz vor der Kapelle, Gehölze der Rhön, umkränzt mit Stachel- und Golddraht:
  Symbol für Leben – Leid und Freude – Tod und Auferstehung

- Wurzeln:
  Halt
  Heimat
  Geschichte
  Tradition
  Treue
  Glaube, Hoffnung, Liebe

- Emmaus - Triptychon:
  Gemeinsam unterwegs - Schritt für Schritt weiterkommen - Einander begegnen - zulassen - sich vertrauend einlassen - glauben - begleiten und begleiten lassen - Anteil nehmen - sich mitteilen - miteinander teilen - Brot teilen - Gemeinschaft.

- Einige der beim Sturm Kyrill (am 18.01.2007) abgebrochenen Baumstämme dürfen stehen bleiben. Sie mögen erinnern, welche Kraft der Bruder Wind hat. Sie sind für uns ein Zeichen für den Geist Gottes: Er weht, wo ER will. Sie ermahnen aber auch zum behutsamem Umgang mit der Schöpfung.

Dank an ...

Danke und vergelt's Gott
euch allen, die mitgebaut, mitgeholfen, mitbezahlt, mitgedacht, mitgeschrieben und mitbegleitet haben.
Es waren viele.
Ein besonderer Dank an Conny und Floh, Katharina, Hannes und Peter.

Danke und vergelt's Gott
euch allen, die diesen Weg weiterbegleiten und lebendig erhalten.

Danke und vergelt's Gott
euch allen, die den Weg begehen und sich einlassen auf die Gedankenwelt und den Glauben des heiligen Franziskus.

Der Herr lasse sein Angesicht über euch leuchten und sei euch gnädig.
Der Herr wende sein Angesicht euch zu und schenke euch Heil.
(Num 6, 24-26)

Die Förderer und Sponsoren

des Franziskusweges an der Thüringer Hütte/Rhön

Architekturbüro Dechant
Berggasthof Thüringer Hütte
Bezirk Unterfranken
Bonifatiuswerk Diözese Würzburg
Diözese Würzburg
Familie Volker Deblich, Sondheim v. d. Rhön
Firmengemeinschaft Räder - Müller - Fischer - Herbert
Gemeinde Sondheim v. d. Rhön
Landkreis Rhön-Grabfeld
Leader +
Lions-Club, Bad Neustadt
Naturpark und Biosphärenreservat Bayer. Rhön e.V.
Nordbayerische Basaltunion, Basaltbruch Bauersberg
Rothfuss Drahtprodukte
Schullandheimwerk Unterfranken
Sparkasse Bad Neustadt
Stadt Ostheim v. d. Rhön

Wir danken von Herzen mit dem in Franken gebräuchlichen „**Vergelt's Gott**"

Die Künstler/innen

Franziskusweg

Elias Frisch

Station:
Frieden (Hände)

Peter Jaurich

Station:
Mutter Erde (3 mal DNA)

Monika Jordan

Stationen:
Mutter Erde (Tierturm)
Bruder Feuer (Flammen)

Anna Kuhn

Stationen:
Alles, was atmet (Vögel)
Bruder Feuer (Halbstamm-Feuer)

Philipp Scherer

Stationen:
Bruder Wind (Segelboot)
Schwester Sonne (Sonnenscheibe)

Christiane Weiel

Station:
Bruder Tod (Menschengruppe)

Kristin Willkommen

Stationen:
Bruder Tod (Reh)
Lob des Dreieinigen Gottes (Franziskus)
Schwester Wasser (Wasserkrug)
Bruder Mond und Geschwister Sterne (Idee zum Turm der Gestirne)

Firmengemeinschaft Räder, Müller, Fischer und Herbert

Station:
Bruder Mond und Geschwister Sterne (Turm der Gestirne)

Die Künstlerinnen und Künstler des Franziskusweges wurden betreut von den Lehrern der Holzbildhauerschule Bischofsheim: Rudolf Schwarzer (Schulleiter), Peter Lauffer, Josef Steinhübel.

Kapelle

Martin Dechant

Objekte:
Träumer (Sitzender)
sich öffnen (Stahlkreuz im Baumstamm)
Emmaus - Triptychon

Jürgen Schönberger

Objekt:
T (Glaskreuz)

Der Verein

Wir haben einen „Freundeskreis Franziskusweg e.V." ins Leben gerufen. Zweck des Vereins ist es, den Franziskusweg an der Thüringer Hütte mit allen dazugehörigen Einrichtungen und Skulpturen zu erhalten und im Sinne der Seelsorge zu beleben.

Wenn Sie mitarbeiten oder als förderndes Mitglied dem Verein beitreten wollen, finden Sie Kontaktmöglichkeiten im Internet unter www.franziskusweg.de.

Fundgrube

… für Texte, Gebete und Lieder zu den zehn Kunststationen

1 Lob des dreieinigen Gottes

Texte zur Meditation

So spricht Gott:
Ich wollte schon immer mit dir reden,
aber du hast mir keine Zeit gelassen.
Ich wollte dir schon immer sagen:
Ich bin für dich da.

Es steht dir frei, dich zu entscheiden,
ob du mir zuhörst oder ob du abschalten willst.
Wenn du bereit bist, auf meine Worte zu hören,
dann möchte ich dir sagen:
Ich liebe dich.

Was immer du tust, ich gehe dir nach,
denn ich liebe dich.

Lass dich lieben!
Öffne dich,
lass dich von mir lieben!

Lass dich lieben von den Bergen.
Lass dich lieben von den Blumen,
vom Wasser der Bäche,
von der Erde,
von Sonne, Mond und Sternen,
von den Menschen, die dir zulächeln,
die mit dir zusammen sind.

Ich kenne deine Geschichte.
Mir ist nichts verborgen.
Ich warte, bis du Ja zu mir sagst.
Ab und zu kreuze ich deine Wege
und warte hoffnungsvoll auf dein Credo,
auf dein Vertrauen zu mir,

weil ich dich liebe.

aus: Sinndeuter 3

Für wen gehst du? (eine jüdische Geschichte)

In der Stadt, in der Rabbi Naphtali lebte, pflegten die Reichen, deren Häuser einsam oder am Stadtrand lagen, Männer aufzustellen, die nachts über ihren Besitz wachen sollten. Als der Rabbi eines Abends spät spazieren ging, begegnete er solch einem Wächter, der auf und nieder ging. „Für wen gehst du?" fragte er ihn. Der Wächter gab bereitwillig Bescheid, fügte aber dann die Gegenfrage dran: „Und du, Rabbi, für wen gehst du?" Das Wort traf diesen wie ein Pfeil. „Noch gehe ich für niemanden", brachte er nur mühsam hervor. Dann schritten beide lange schweigend nebeneinander her. Schließlich fragte der Rabbi den Wächter: „Wärest du bereit, mein Diener zu werden?" „Das will ich gerne tun", antwortete der Wächter, „aber, was habe ich zu tun?" „Mich zu erinnern", sagte der Rabbi. „Mich zu erinnern, dass ich mich regelmäßig frage, für wen ich gehe."

aus: Sinndeuter 3

Für Kinder:

Der Faden
Eines schönen Morgens glitt vom hohen Baum am festen Faden die Spinne herab. Unten im Gebüsch baute sie ihr Netz, das sie im Laufe des Tages immer großartiger entwickelte und mit dem sie reiche Beute fing. Als es Abend geworden war, lief sie ihr Netz noch einmal ab und fand es herrlich. Da entdeckte sie auch wieder den Faden nach oben, den sie über ihrer betriebsamen Geschäftigkeit ganz vergessen hatte. Doch verstand sie nicht mehr, wozu er diene, hielt ihn für überflüssig und biss ihn kurzerhand ab. Sofort fiel das Netz über ihr zusammen und erstickte sie.

Quelle unbekannt

Gebete

Guter Gott,
ich möchte mich dir lassen
mit meinem Sein
und allem Dunklen, Hellen,
mit aller Weite, aller Enge
und mit Versagen und Gelingen.

Ich möchte mich dir lassen
mit meinem Werden,
Wachsen und Gedeihen,
mit Kraft und Schwäche,
Mut und Trauer,
mit Tränen, Hass und Freude
in mir drinnen.

Ich möchte mich dir lassen
mit aller Sehnsucht und mit meinen Fragen,
mit Hoffnung und Zweifel
und mit dem Mut zu wagen
und mit der Dankbarkeit für mein geschenktes Leben.

Ich möchte mich dir lassen
und meine Wirklichkeit, ob hell, ob dunkel
jetzt in deine Nähe stellen,
dass du sie wandelst, weitest
und ich in dir
den Sinn des Lebens finden kann.
Amen.

Quelle unbekannt

In der Mitte dieses Tages
lege ich alles ab,
was mich begrenzt:
Gedanken und Worte

In der Mitte dieses Tages
lege ich alles ab,
was mich belastet:
Ängste, Sorgen, Mühe und Traurigkeit

In der Mitte dieses Tages
lege ich alles ab,
was mich hindert:
Steine, Probleme und harte Nüsse.

In der Mitte dieses Tages
lege ich alles ab und werde still,
und in der Leere meiner Gedanken
und in der Stille meiner Worte finde ich dich.
Frank Greubel

Ich bin, der ich bin, und ich bin ganz da,
mit all meinen Fehlern und Schwächen.

Ich bin, der ich bin, und ich bin ganz da,
mit all meinem Können und Tun.

Ich bin, der ich bin, und ich bin ganz da,
mit all meinem Wünschen und Hoffen.

Ich bin, der ich bin, und ich bin von dir geschaffen,
damit ich werde. Amen.
Frank Greubel

Ehre sei dem Vater und dem Sohn und dem Heiligen Geist / wie im Anfang so auch jetzt und allezeit und in Ewigkeit. Amen.

Lieder

Großer Gott, wir loben dich (Gotteslob Nr. 257)
Lobe den Herren, den mächtigen König der Ehren (Gotteslob Nr. 258)
Nun singt ein neues Lied dem Herren (Gotteslob Nr. 262)
Dein Lob, Herr, ruft der Himmel aus (Gotteslob Nr. 263)
Dass du mich einstimmen lässt (Gotteslob Nr. 936)
Lobet und preiset, ihr Völker, den Herrn (Kanon) (Gotteslob Nr. 282)

Für Kinder:

1. Gottes Liebe ist so wunderbar,
Gottes Liebe ist so wunderbar,
Gottes Liebe ist so wunderbar,
so wunderbar groß.
So hoch, was kann höher sein?
So tief, was kann tiefer sein?
So weit, was kann weiter sein?
So wunderbar groß!
2. Gottes Güte ist so wunderbar
3. Gottes Gnade ist so wunderbar
4. Gottes Treue ist so wunderbar

2 Schwester Wasser

Texte zur Meditation

Die Parabel vom modernen Menschen

Ein moderner Mensch verirrte sich in einer Wüste. Tage- und nächtelang irrte er umher. Wie lange braucht man, um zu verhungern und zu verdursten? Das überlegte er sich beständig. Er wusste, dass man länger ohne Nahrung leben kann, als ohne etwas zu trinken. Die unbarmherzige Sonnenglut hatte ihn ausgedörrt. Er fieberte. Wenn er erschöpft ein paar Stunden schlief, träumte er von Wasser, von Orangen und Datteln. Dann erwachte er zu schlimmerer Qual und taumelte weiter.

Da sah er in einiger Entfernung eine Oase. Aha, eine Fata Morgana, dachte er. Eine Luftspiegelung, die mich narrt und zur Verzweiflung treiben wird, denn in Wirklichkeit ist gar nichts da. Er näherte sich der Oase, aber sie verschwand nicht. Sie wurde im Gegenteil immer deutlicher. Er sah die Dattelpalmen, das Gras und die Felsen, zwischen denen ein Quell entsprang. Es kann natürlich eine Hungerfantasie sein, die mir mein halb wahnsinniges Hirn vorgaukelt, dachte er. Solche Fantasien hat man ja in meinem Zustand. Natürlich – jetzt höre ich sogar das Wasser sprudeln. Eine Gehörhalluzination. Wie grausam die Natur ist!

Mit diesen Gedanken brach er zusammen. Er starb mit einem lautlosen Fluch auf die unerbittliche Bösartigkeit des Lebens.

Eine Stunde später fanden ihn zwei Beduinen. „Kannst du so etwas verstehen?" sagte der eine Beduine zum anderen. „Die Datteln wachsen ihm beinahe in den Mund – er hätte nur die Hand auszustrecken brauchen. Und dicht neben der Quelle liegt er, mitten in der schönen Oase – verhungert und verdurstet. Wie ist das nur möglich?"

„Er war halt ein moderner Mensch", antwortete der andere Beduine. „Er hat nicht daran geglaubt."

Kadidja Wedekind

Psalm 23

Der Herr ist mein Hirte,
nichts wird mir fehlen.
Er lässt mich lagern auf
grünen Auen und führt
mich zum Ruheplatz am Wasser.

Psalm 84

Glücklich, denen du Kraft gibst,
wenn sie auf dem Weg sind zu dir.
Wenn sie durch das trockene Tal ziehen,
das Tal in der Wüste,
lässt Gott für sie Quellen rinnen
und Regen fallen, dass es blüht wie ein Garten.

Nicht mehr so dahinleben

und dich leben lassen
von den alltäglichen Pflichten,
von der oberflächlichen
Unterhaltung,
von den Erwartungen,
die andere Menschen
stets an dich stellen.

Eines Morgens früh
aufstehen
und einen Weg suchen,
der dir Klarheit bringt
über das,
was dich in der Tiefe bewegt,
was du selbst für dich willst,
was dir wichtig und wesentlich ist.

Christa Spilling-Nöker, Liebe das Leben

Mit Kindern:

- eine Rose von Jericho ins Wasser legen und beobachten, was geschieht
- Gespräch darüber, wie erfrischend ein kühles Bad oder ein Glas kaltes Wasser an einem heißen Sommertag sein kann
- Gespräch über die Einladung Jesu: Wer Durst hat, komme zu mir!
- Text: Auch ich darf zu Jesus kommen

In jener Zeit brachte man Kinder zu Jesus, damit er ihnen die Hände auflegte. Die Jünger aber wiesen die Leute schroff ab. Als Jesus das sah, wurde er unwillig und sagte zu ihnen: Lasst die Kinder zu mir kommen; hindert sie nicht daran! … Und er nahm die Kinder in seine Arme. Dann legte er ihnen die Hände auf und segnete sie. (Mk 10, 13-16)

Gebet aus der Dritten Welt

In der Nachfolge leben
Herr,
ich will sein wie das Wasser, das sich in den Flüssen bewegt,
durch den Urwald fließt, die Felder befruchtet, überall Leben bringt.
Herr,
ich will sein wie das Wasser, das jeden Schmutz abwäscht
und jedem Menschen neue Hoffnung gibt, der Heil und Auferstehung sucht.
Herr,
ich will sein wie das Wasser, das die vielen Boote trägt
mit den Menschen und ihren Lasten, um die Fahrt durchs Leben zu erleichtern.
Herr,
ich will sein wie das Wasser, das unsere Familien zusammenführt,
die Herzen der Menschen vereinigt, damit wir gemeinsam Freud und Leid teilen.
Herr,
ich will sein wie das Wasser, das in Verbindung mit allen Menschen steht und uns lehrt,
alle Menschen anzunehmen als Brüder und Schwestern, als Kinder desselben Vaters.

aus: Der Besinnungsweg zum Sonnengesang

Lieder

Herr, deine Güt' ist unbegrenzt (Gotteslob Nr. 289)
Gott liebt diese Welt (Gotteslob Nr. 297)
Kommt herbei, singt dem Herrn (Troubadour für Gott Nr. 105)

Für Kinder:

Ich ziehe froh und zufrieden (Troubadour Nr. 574)
Wenn einer sagt: ich mag dich, du (Troubadour Nr. 929)
Nimm mich mit, kleiner Franzose (Troubadour Nr. 573)

3 Mutter Erde

Texte zur Meditation

Ein junger Mann betrat im Traum einen Laden. Hinter der Theke stand ein Engel. Hastig fragte er ihn: „Was verkaufen Sie, mein Herr?“ Der Engel antwortete freundlich: „Alles, was Sie wollen.“ Der junge Mann begann aufzuzählen: „Dann hätte ich gerne das Ende aller Kriege in der Welt, bessere Bedingungen für die Randgruppen der Gesellschaft, Beseitigung der Elendsviertel in Südamerika, Arbeit für die Arbeitslosen, mehr Gemeinschaft und Liebe in der Kirche und … und …“ Da fiel ihm der Engel ins Wort: „Entschuldigen Sie, junger Mann, Sie haben mich falsch verstanden. Wir verkaufen keine Früchte, wir verkaufen nur Samen.“

aus: Willi Hoffsümmer, 255 Kurzgeschichten

Berühre die Rinde eines Baumes.
Lass dir Zeit, auch wenn du dich dabei seltsam fühlst.
Verlass deinen Kopf, sei ganz in deinen Händen.
Durch die Rinde strömen Energien,
die aus der Tiefe der Erde kommen und bis in die Krone reichen.
Ähnlich wie bei dir, denn auch du lebst aus der Tiefe
und reichst in den Himmel mit deinen Wünschen und Sehnsüchten.
In dem Baum berührst du einen Bruder, eine Schwester.

Ulrich Schaffer, Die Welt berühren

Nicht,
dass du
der schönste Baum bist,
der auf dieser Erde steht.
Nicht,
dass du jahraus, jahrein
leuchtest von Blüten
an jedem Zweig.
Aber dass dann und wann
an irgendeinem Ast
eine Blüte aufbricht,
dass dann und wann
etwas Schönes gelingt,
irgendwann
ein Wort der Liebe
ein Herz findet,
das wünsche ich dir.

Ich wünsche dir nicht,
dass du ein Mensch seist,
rechtwinklig an Leib und Seele,
glatt und senkrecht wie eine Pappel
oder elegant wie eine Zypresse.
Aber das wünsche ich dir,
dass du mit allem,
was krumm ist an dir
an einem guten Platz leben darfst
und im Licht des Himmels,
dass auch,
was nicht gedeihen konnte,
gelten darf,
und auch das Knorrige
und das Unfertige
an dir und deinem Werk
in der Gnade Gottes Schutz finden.

Jörg Zink, Mehr als drei Wünsche

Für Kinder:

empfohlener Text:
Das Märchen vom Löwenzahn von Susanne Anthony

Gedanken dazu:

- Wir brauchen unsere Wurzeln, auch wenn wir erwachsen werden und „Fliegen" lernen.
- In jedem Leben gibt es Werden und Vergehen.
- Lebewesen brauchen einander, gerade in ihrer Andersartigkeit (Schmetterling, Hummel brauchen die Blumen).
- Jedes Leben ist lebenswert, ich muss mein Leben leben.
- Aber ich darf auch einmal etwas wagen im Vertrauen darauf, gehalten zu sein.

Die Tulpe

Dunkel
war alles und Nacht.
In der Erde tief
die Zwiebel schlief,
die braune.

„Was ist das für ein Gemunkel,
was ist das für ein Geraune",
dachte die Zwiebel,
plötzlich erwacht.
„Was singen die Vögel da droben
und jauchzen und toben?"

Vor Neugier gepackt
hat die Zwiebel einen langen Hals gemacht
und um sich geblickt
mit einem hübschen Tulpengesicht.

Da hat ihr der Frühling entgegengelacht.

Josef Guggenmos

Herr,
hilf uns,
erwachsen,
älter
und schließlich alt
zu werden,
Erfahrung zu sammeln,
in Frieden zu reifen
und in Liebe Frucht zu bringen.

Lass uns wachsen,
wie ein Baum wächst,
dessen Wurzeln in der Erde sind,
der seine Krone zum Himmel streckt,
seine Früchte gibt,
Schatten gewährt,
wenn er groß und alt geworden.
Damit unsere Kinder sagen können:
„Es muss schön sein,
zu wachsen
und zu reifen,
den Wind zu spüren,
dem Sturm zu trotzen,
zu blühen,
um dann anderen
Früchte des Lebens zu reichen,
Zuflucht zu sein,
alt zu werden
zwischen Himmel und Erde."

Paul Roth

Ich bin von der Erde.
Sie ist meine Mutter. Sie gebar mich mit Stolz. Sie zog mich auf mit Liebe. Sie wiegte mich am Abend.
Sie schob den Wind herbei und ließ ihn singen. Sie errichtete mir ein Haus aus schönen Farben.
Sie nährte mich mit den Früchten ihrer Felder. Sie belohnte mich mit ihrem Lächeln.
Sie hielt mich in Zucht durch die Kürze meiner Zeit.
Und am Ende, wenn ich mich danach sehne fortzugehen, wird sie mich umarmen für alle Ewigkeit.
eine zeitgenössische Indianerin in: Jörg Zink, Atem der Welt

Lieder

Nun singt ein neues Lied dem Herren (Gotteslob Nr. 262)
Solang es Menschen gibt auf Erden (Gotteslob Nr. 300)
O Schöpfer, dessen Allmachtswort (Gotteslob Nr. 885)
Eine Handvoll Erde (Troubadour Nr. 773)
Die Erde ist schön (Troubadour Nr. 774)
Menschenkinder (Troubadour Nr. 775)

4 Bruder Mond und Geschwister Sterne

Texte zur Meditation

Mich wundert's,
dass die Sterne
nicht müde werden,
uns zu leuchten,
obwohl die Menschen
keine Zeit mehr
für sie haben
und keine Sprache,
ihnen zu antworten.
Vielleicht haben sie
die Hoffnung nicht
aufgegeben, dass
wieder Augen sich
öffnen für das Wunderbare.
aus: Antje Sabine Naegeli, Dass die Nacht dir Frieden bringt

Und du weißt wirklich nicht, was das ist, ein Mondharfenlied, fragte das Kind erstaunt. Der alte Mann schüttelte ratlos den Kopf. Das Kind dachte lange darüber nach, warum ein Mensch so viel länger auf der Welt war und dennoch keine Ahnung hatte von etwas so Wichtigem. Es ist so, begann es vorsichtig, wenn du spät abends am Fenster stehst und in den Sternenhimmel hinaufschaust, dann wird es stiller und stiller. Und wenn es ganz still geworden ist, auch in deinem Herzen, dann kannst du auf einmal das Mondharfenlied hören. Es kann dich sehr glücklich machen.
An diesem Abend stand der alte Mann lange am Fenster, richtete seinen Blick zum Himmel, aber das Mondharfenlied hörte er nicht. Auch am folgenden Abend stand er dort. Nichts geschah. Am dritten Abend wollte er fast schon aufgeben, aber er versuchte es noch einmal.

Da musste er plötzlich daran denken, dass er vor langen Jahren als kleiner Junge genauso dagestanden und in die Nacht hinaus geschaut hatte. Und auf einmal, während er die Mondsichel betrachtete, hörte er einen leisen, unendlich schönen Klang. Das Mondharfenlied. Er wusste es sofort. Und er begriff im gleichen Augenblick, warum die meisten Menschen nichts hörten, wenn sie den Nachthimmel anschauten und warum auch er nichts gehört hatte bislang.
Das Geheimnis ist dies, dachte der alte Mann: Nur wer sich an seine Kinderaugen erinnert, der kann das Lied hören. Er war auf einmal sehr glücklich. Wenn du abends im Dunkeln an seinem Haus vorbeigehst, dann kannst du ihn vielleicht hinter der Fensterscheibe erkennen. Du weißt, dass er dann das Mondharfenlied hört.

aus: Antje Sabine Naegeli, Dass die Nacht dir Frieden bringt

Die Deutschen haben es weit gebracht

Ein Student aus der Dritten Welt, der vier Jahre in Deutschland studiert hatte, sagte vor seiner Heimkehr deutschen Journalisten in einem Interview: „Ich staune über die deutschen Menschen und ihre fantastischen Leistungen nach dem Chaos dieses großen Krieges." Die Journalisten waren stolz ob dieses großen Komplimentes. Aber dann kam die Wende. Der junge Student bekannte: „... Aber ich bin erschüttert über diese deutschen Menschen ... Sie haben das Kostbarste verloren; sie können nicht mehr schweigen und nicht mehr staunen und nicht mehr anbeten."

aus: Den Sonntag feiern

Für Kinder:

Der klitzekleine Hase und seine Freunde

„Wer einen Freund hat, der hat es gut", sagte der klitzekleine Hase zu sich selbst, „denn zu zweit geht alles besser!" Und dann schloss er sein Haus ab und machte sich auf den Weg zu den anderen Hasen, um einen Freund zu suchen. Aber das war nicht so einfach. „Pah", sagte der dicke Stanislaus, „du willst mein Freund werden? Dass ich nicht lache! Dazu bist du doch noch viel zu klein! Komm wieder, wenn du gewachsen bist!" Und dann lachte er und lachte und hielt sich seinen dicken Wackelbauch. „Freund?" mümmelte der hurtige Paul und sprang dabei eifrig in seiner Werkstatt umher, „dafür habe ich keine Zeit. Ich bin sehr beschäftigt, weißt du!" Er malte, kleckste, pinselte und klebte an zehn Ostereiern gleichzeitig herum. „Bis Ostern ist doch noch viel Zeit", sagte der klitzekleine Hase. Aber der hurtige Paul hörte gar nicht mehr richtig hin. Da wurde der klitzekleine Hase sehr, sehr traurig. Und weil er einmal auf dem Weg war, ging er einfach immer geradeaus weiter. Viele Tage lang ging er, ohne zu wissen, wohin. Eines Tages kam er ... zur Sonne. „Du bist weit gelaufen, klitzekleiner Hase", sagte die Sonne, „komm ein wenig zu mir und ruh dich aus." Da legte sich der klitzekleine Hase mitten in das Gold der Sonne, und die Sonne wärmte ihn. Lange Zeit blieben sie so beieinander. Und als sie Abschied nahmen, da waren sie Freunde geworden. „Jetzt weiß ich, dass Freundschaft etwas Wärmendes ist", sagte der klitzekleine Hase. Und die Sonne schenkte ihm zur Erinnerung einen Topf mit Sonnengold. Der klitzekleine Hase ging weiter und weiter, und schließlich kam er zum Mond. „Du bist weit gelaufen, klitzekleiner Hase", sagte der Mond, „komm ein wenig zu mir und ruh dich aus." Da legte sich der klitzekleine Hase mitten in das sanfte Silberlicht des Mondes und schlief ein. Der Mond beschützte seinen Schlaf. Und als der klitzekleine Hase aufwachte, da waren sie Freunde geworden. „Weil du mein Freund geworden bist, ist

Freundschaft von nun an etwas Sanftes und Zärtliches", sagte der klitzekleine Hase und verabschiedete sich vom Mond. Und der Mond schenkte ihm zur Erinnerung einen Topf mit Mondsilber. Der klitzekleine Hase ging weiter und weiter, und irgendwann war er wieder zu Hause. Er schloss seine Werkstatt auf, und weil es langsam Zeit dafür wurde, begann er, Ostereier zu bemalen. Er malte mit ... Sonnengold und Mondsilber. Und er erinnerte sich an das wärmende Gold der Sonne und an das sanfte Silber des Mondes. Der klitzekleine Hase war sehr glücklich. Noch nie waren seine Ostereier so gut gelungen wie in diesem Jahr. Sie ... strahlten wie die Sonne und glitzerten wie der Mond. Und denen, die sie am Ostermorgen fanden, erzählten sie davon, wie gut es ist, Freunde zu haben.

Gerda Wagener

Gebet

Gott, es ist gut, dass Du ein Freund des Lebens bist,
dass Du Freundschaft geschlossen hast mit uns Menschen,
auch mit mir.

Gott, es ist gut, dass Du das Leben erschaffen hast
und es Tag für Tag mit Deinem Licht erfüllst,
auch für mich.

Gott, es ist gut, dass Du die Menschen gewollt hast
und sie immer neu liebenswert findest,
auch mich.

Gott, es ist gut, dass unsere Zeit in Deinen Händen ruht
und eine Zukunft hat mit Hoffnung,
auch für mich.

Paul Weismantel in
Würzburger katholisches Sonntagsblatt
Nr. 25 vom 19. Juni 2005

Lieder

Erfreue dich Himmel (1. u. 2. Str.) (Gotteslob Nr. 259)

Singt das Lied der Freude über Gott (1. Str.) (Gotteslob Nr. 272)

Laudato sii (Troubadour Nr. 141)

Sonnen und Monde (Troubadour Nr. 1028)

Der Mond ist aufgegangen

Guter Mond, du gehst so stille

Für Kinder:

Wenn einer sagt, ich mag dich, du (Troubadour Nr. 929)

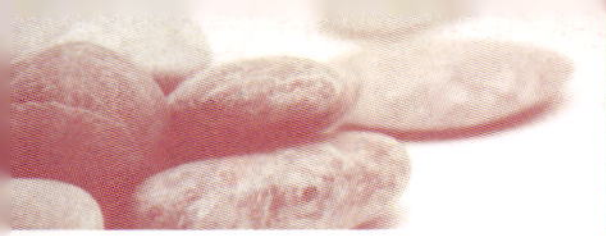

5 Schwester Sonne

Texte zur Meditation

Die Rose

Von Rainer Maria Rilke gibt es aus der Zeit seines ersten Pariser Aufenthaltes diese Geschichte:

Gemeinsam mit einer jungen Französin kam er um die Mittagszeit an einem Platz vorbei, an dem eine Bettlerin saß, die um Geld anhielt. Ohne zu irgendeinem Geber je aufzusehen, saß die Frau immer am gleichen Ort. Rilke gab nie etwas; seine Begleiterin gab häufig ein Geldstück.

Eines Tages fragte die Französin verwundert nach dem Grund, warum er nichts gebe, und Rilke gab zur Antwort: „Wir müssten ihrem Herzen geben, nicht ihrer Hand.“ Wenige Tage später brachte Rilke eine eben aufgeblühte Rose mit, legte sie in die offene, abgezehrte Hand der Bettlerin und wollte weitergehen. Da geschah etwas Unerwartetes: Die Bettlerin blickte auf, sah den Geber, erhob sich mühsam von der Erde, tastete nach der Hand des fremden Mannes, küsste sie und ging mit der Rose davon.

Eine Woche lang war die Alte verschwunden. Nach acht Tagen saß sie plötzlich wieder wie früher am gewohnten Platz. Sie war stumm wie damals. „Aber wovon hat sie denn all die Tage, da sie nichts erhielt, nur gelebt?“ fragte die Französin. Rilke antwortete: „Von der Rose …“

aus: Geschichten für Sinndeuter

Was sind Heilige?

Einmal ging ein kleiner Junge mit seiner Mutter in eine Kirche. Vorne über dem Altar war ein auffallend schönes Fenster zu sehen, mit vielen Heiligenfiguren. Und durch eine Figur strahlte gerade die Sonne hindurch, sodass sie besonders hell und bunt war. Der Junge fragte: „Mutti, wer ist das?“ „Das ist ein Heiliger, der heilige Martin.“ Das hatte sich der Bub gut gemerkt.

Ein paar Tage später hatte die Klasse Religionsunterricht. Der Lehrer fragte: „Wer von euch kann mir sagen, was ein Heiliger ist?“ Da war goßes Schweigen in der Klasse. Nur einer meldete sich und antwortete: „Ich weiß es, ein Heiliger, das ist ein Mensch, durch den die Sonne scheint.“

Quelle unbekannt

Für Kinder:

Bilderbuch: Frederick von Leo Lionni

Gebete

Wer bin ich, dass ich dir unendlich kostbar bin, Gott,
dass du mich fängst mit deinen eigenen Händen,
dass du mich hältst und birgst inmitten deiner großen Liebe,
dass du mich umgibst wie mit einem Mantel aus Licht,
rundum geborgen, rundum glücklich.

Inge Müller in: höre nie auf anzufangen

Herr, wir wollen uns ausstrecken nach deinen Strahlen.
Du gabst sie uns in deinem Wort und Brot und durch das Zusammensein hier.
Wir können sie vermehren und mitbringen und andere damit froh machen.
Lass uns Sonnenstrahlen sein.

Quelle unbekannt

Lieder

Sonne der Gerechtigkeit (Gotteslob Nr. 644)
Dein Wort ist Licht und Wahrheit (Gotteslob Nr. 687)
Wenn das Brot, das wir teilen (Gotteslob Nr. 938)
Du bist das Licht der Welt (Troubadour Nr. 1078)

Für Kinder:

Vom Aufgang der Sonne (Troubadour Nr. 136)
Ich sammle Farben für den Winter (Troubadour Nr. 931)

6 Bruder Tod

Texte zur Meditation

Ganz leise löste sich das Blatt vom Baum.
Es war, als hätte es sich selbst entschieden,
in diesem Augenblick zu fallen,
von keiner Hand berührt,
von keinem Wind getrieben.
Es schaukelte in buntem Glanz
zu Boden, so leise, wie es sich gelöst.
Dort liegt es nun,
beendet ist die Reise vom Frühlingsgrün zum Herbstgewand.
Der Kreislauf der Natur hat sich im Farbenspiel geschlossen.
Wer dankt beim Zuschaun wohl dem großen Meister der Natur?
Der sie geschaffen, bunt gemacht, den Kreislauf Leben – Tod bestimmt?
Und wer gedenkt, dass wir die Blätter sind,
wie Gras und Blumen in dem großen Garten Gottes?

Paul Roth

Allahs Bote

Eine alte arabische Sage erzählt von einem Scheik, den man den „Großen" nannte. Eines Tages stand ein junger Mann in seinem Zelt und grüßte ihn. „Wer bist du? fragte der Scheik. „Ich bin Allahs Bote und werde der Engel des Todes genannt." Der Scheik wurde ganz bleich vor Schrecken. „Was willst du von mir?" „Ich soll dir sagen, dass dein letzter Tag gekommen ist. Mach dich bereit. Wenn morgen abend die Sonne untergeht, komme ich, um dich zu holen." Der Bote ging. Das Zelt war leer. Fröhlich klatschte der Scheik in die Hände und befahl einem Sklaven, das schnellste und beste Kamel zu satteln. Er lächelte noch einmal, weil er an den Boten dachte, der morgen abend das Zelt leer finden würde.

Bald war der Scheik weit in der Wüste draußen. Er ritt die ganze Nacht und den ganzen Tag trotz der brennenden Sonne. Er gönnte sich keine Rast. Je weiter er kam, um so leichter war ihm ums Herz. Die Sonne war nicht mehr weit vom Rande der Wüste entfernt. Er sah die Oase, zu der er wollte. Als die Sonne unterging, erreichte er die ersten Palmen. Jetzt war er weit, weit weg von seinem Zelt. Müde stieg er ab, lächelte und streichelte den Hals seines Tieres: „Gut gemacht, mein Freund." Er führte sein müdes Tier zum Brunnen. Und am Brunnen saß ruhig und wartete der Bote, der sich Engel des Todes genannt hatte, und sagte: „Gut, dass du da bist. Ich habe mich gewundert, dass ich dich hier, so weit entfernt von deinem Zelt abholen sollte. Ich habe mit Sorge an den weiten Weg, an die brennende Sonne und an dein hohes Alter gedacht. Du musst sehr schnell geritten sein ..."

aus: Geschichten für Sinndeuter

Was ist das Leben?

An einem schönen Sommertag war große Stille am Waldesrand. Die Vögel hatten ihre Köpfe unter die Flügel gesteckt und alles ruhte. Da streckte der Buchfink sein Köpfchen hervor und fragte: „Was ist eigentlich das Leben?“ Alle waren betroffen über diese schwierige Frage. Im großen Bogen flog der Buchfink über die weite Wiese und kehrte zu seinem Ast im Schatten des Baumes zurück.

Die Heckenrose entfaltete gerade ihre Knospe und schob behutsam ein Blatt ums andere heraus. Sie sprach: „Das Leben ist eine Entwicklung.“ Weniger tief veranlagt war der Schmetterling. Er flog von einer Blume zur anderen, naschte da und dort und sagte: „Das Leben ist lauter Freude und Sonnenschein.“

Drunten im Gras mühte sich eine Ameise mit einem Strohhalm, zehnmal länger als sie selbst, und sagte: „Das Leben ist nichts anderes als Mühsal und Arbeit.“

Geschäftig kam eine Biene von einer honighaltigen Blume auf der Wiese zurück und meinte dazu: „Nein, das Leben ist ein Wechsel von Arbeit und Vergnügen.“

Wo so weise Reden geführt wurden, steckte auch der Maulwurf seinen Kopf aus der Erde und brummte: „Das Leben? Es ist ein Kampf im Dunkeln.“

Nun hätte es fast einen Streit gegeben, wenn nicht ein feiner Regen eingesetzt hätte, der sagte: „Das Leben besteht aus Tränen, nichts als Tränen.“ Dann zog er weiter zum Meer.

Dort brandeten die Wogen und warfen sich mit aller Gewalt gegen die Felsen und stöhnten: „Das Leben ist ein stets vergebliches Ringen nach Freiheit.“

Hoch über ihnen zog majestätisch der Adler seine Kreise. Er frohlockte: „Das Leben, das Leben ist ein Streben nach oben.“ Nicht weit vom Ufer entfernt stand eine Weide. Sie hatte der Sturm schon zur Seite gebogen. Sie sagte: „Das Leben ist ein Sichneigen unter eine höhere Macht.“

Dann kam die Nacht. Mit lautlosen Flügeln glitt der Uhu über die Wiese dem Wald zu und krächzte: „Das Leben heißt die Gelegenheit nützen, wenn andere schlafen.“

Und schließlich wurde es still in Wald und Wiese. Nach einer Weile kam ein junger Mann des Weges. Er setzte sich müde ins Gras, streckte dann alle viere von sich und meinte erschöpft vom vielen Tanzen und Trinken: „Das Leben ist das ständige Suchen nach Glück und eine lange Kette von Enttäuschungen.“

Auf einmal stand die Mörgenröte in ihrer vollen Pracht auf und sprach: „Wie ich, die Morgenröte, der Beginn des neuen Tages bin, so ist das Leben der Anbruch der Ewigkeit!“

aus: Sinndeuter 4

Hab ein wenig Geduld

Der Physiker Newton ging an einem Ostermorgen mit seinen Schülern spazieren. Sie kamen an einem Friedhof vorbei. Da sprach einer der Schüler in leichtem Spott: „Meister, wer kann glauben, dass der Staub dieser Toten je wieder zu einem Leib und Leben geformt werden soll?“ Newton antwortete nur: „Hab ein wenig Geduld!“

Während der nächsten Physikstunde ließ sich der Meister u. a. auch eine Hand voll Eisenstaub bringen, mengte ihn unter den Erdenstaub und fragte den Spötter: „Wer sammelt diese Stäubchen Eisen wieder aus dem Staub der Erde?“ Als der Schüler keine Antwort wusste, nahm Newton einen Magneten und hielt ihn über die Mischung. Im selben Augenblick kam Leben und Bewegung in den Staub, im Nu flogen sämtliche Eisenteilchen dem Magneten zu.

Ernst sah der Meister den Spötter und die übrigen Schüler an und sprach: „Der solche Kraft dem toten Magneten gab, wird er nicht Größeres unserer Seele geben, wenn sie einstens am Auferstehungstag der Umkleidung durch den verklärten Staub bedarf?“

Wilhelm Olschewski

Für Kinder:

Claudias Raupe *oder* **Was uns die Schmetterlinge über die Auferstehung sagen können**

Eines Tages spielte Claudia im Garten. Da entdeckte sie eine kleine schwarze Raupe mit winzigen gelben Punkten. „Iiiihh“, schrie sie, „ist die eklig!“ Ihr großer Bruder Michael, der dazukam, sagte: „Aber nein, die ist ganz harmlos. Komm, wir suchen einen Behälter für sie! Du kannst sie dann mit Brennnesseln füttern.“

Begeistert lief Claudia ins Haus und holte ein großes Marmeladenglas. Vorsichtig brach der Bruder einen Brennnesselstängel ab, legte ihn in das Glas und setzte das Tierchen dazu. Über die Öffnung kam ein Stück Seidenstrumpf mit Gummiband. „Damit sie genug Luft bekommt“, meinte Michael.

Jeden Tag holte Claudia ihrer Raupe frische Brennnesseln und sie beobachtete, wie das Tierchen immer dicker wurde. Doch eines Morgens suchte sie ihre Raupe vergeblich. Als sie das Glas immer wieder drehte, sah sie plötzlich ein komisches braunes Gebilde an einem Stängel hängen, wie ein zusammengerolltes verwelktes Blatt. Darunter ein paar schwarze Stückchen von ihrer Raupe – klein und vertrocknet. Sie fing laut an zu weinen und schrie: „Meine Raupe ist tot, meine liebe Raupe!“

Michael kam herein und tröstete sie. „Schau“, sagte er, „das, was du siehst, ist nur eine Hülle, so wie eine Haut. Was in der Raupe lebendig war, ist hier drin“, und er zeigte auf das komische braune Ding. „Aber es ist tot, es bewegt sich doch nicht“, weinte das Mädchen. „Es sieht nur so aus“, sagte Michael geheimnisvoll. „Hab nur etwas Geduld und du wirst etwas Wunderbares erleben.“

Wenige Zeit später platzte das braune Ding auf und zitternd kroch ein Schmetterling heraus. Seine Flügel waren klein und schrumpelig. Ganz aufgeregt beobachtete Claudia, wie er sie langsam entfaltete und auf und ab bewegte. Er war so wunderschön, dass sie sich gar nicht satt sehen konnte. Doch dann nahm sie den Strumpf vom Glas, öffnete das Fenster und der schöne bunte Schmetterling flatterte hinaus in den hellen Sonnenschein. Lange sah sie ihm nach und war unendlich glücklich.

Quelle unbekannt

Gebete

Wir sind mit ihm auferstanden (Gotteslob Nr. 777, 4)

Schöpfer meiner Stunden und meiner Jahre,
Du hast mir viel Zeit gegeben,
sie liegt hinter mir und sie liegt vor mir.
Sie war mein und wird mein, und ich habe sie von Dir.
Ich danke Dir für jeden Schlag der Uhr
und für jeden Morgen, den ich sehe.

Ich bitte Dich nicht, mir mehr Zeit zu geben.
Ich bitte Dich aber um viel Gelassenheit, jede Stunde zu füllen.

Ich bitte Dich, dass ich ein wenig dieser Zeit
freihalten darf von Befehl und Pflicht,
ein wenig für Stille, ein wenig für das Spiel,
ein wenig für die Menschen am Rande meines Lebens,
die einen Tröster brauchen.

Ich bitte Dich um Sorgfalt, dass ich meine Zeit
nicht töte, nicht vertreibe, nicht verderbe.
Jede Stunde ist ein Streifen Land,
ich möchte ihn aufreißen mit einem Pflug,
ich möchte Liebe hineinwerfen, Gedanken und Gespräche,
damit Frucht wächst.
Segne Du meine Zeit.

Jörg Zink
in: elemente

Lieder

Wer leben will wie Gott auf dieser Erde (Gotteslob Nr. 183)
Wir preisen Deinen Tod (Gotteslob Nr. 924, 1)
Von guten Mächten treu und still umgeben (Gotteslob Nr. 940)
Erschalle laut, Triumphgesang (Gotteslob Nr. 961)
Du wirst den Tod in uns wandeln (Troubadour Nr. 523)
In der Nacht kommt an den Tag sein Licht (Troubadour Nr. 699)
Neue Hoffnung, neues Leben (Troubadour Nr. 708)

7 Frieden

Texte zur Meditation

Wo Himmel und Erde sich berühren
Es waren einmal zwei Mönche, die lasen miteinander in einem Buch, am Ende der Welt gäbe es einen Ort, an dem Himmel und Erde sich berührten und das Reich Gottes begänne. Sie beschlossen, ihn zu suchen und nicht umzukehren, ehe sie ihn gefunden hätten. Sie durchwanderten die Welt, bestanden unzählige Gefahren, erlitten alle Entbehrungen, die eine Wanderung durch die ganze Welt fordert, und alle Versuchungen, die einen Menschen von seinem Ziel abbringen können. Eine Tür sei dort, so hatten sie gelesen. Man brauchte nur anzuklopfen und befände sich im Reiche Gottes. Schließlich fanden sie, was sie suchten. Sie klopften an die Tür, bebenden Herzens sahen sie, wie sie sich öffnete. Und als sie eintraten, standen sie zu Hause in ihrer Klosterzelle und sahen sich gegenseitig an. Da begriffen sie: Der Ort, an dem das Reich Gottes beginnt, befindet sich auf der Erde, an der Stelle, die Gott uns zugewiesen hat.
aus: Geschichten für Sinndeuter

Was wiegt eine Schneeflocke?
Es war Winter. Überall schneite es. Eine Taube saß auf einem Baumzweig und betrachtete das Schneetreiben. Da setzte sich eine kleine Meise neben sie. „Guten Tag“, sagte die Meise. „Ich grüße dich“, erwiderte die Taube. „Was gibt es Neues im Wald?“ „Nichts als Schnee“, sagte die Meise. „Da kommen einem die seltsamsten Gedanken. Was meinst du, wieviel wiegt eine Schneeflocke?“ Die Taube überlegte und beobachtete dabei, wie die Schneeflocken langsam und leise zur Erde sanken. „Eine Schneeflocke wiegt … nicht mehr als ein Nichts“, meinte sie bedächtig. „Das stimmt nicht. Denn höre einmal, was ich vor kurzem erlebt habe: Ich saß auf einem Ast, dicht am Stamm, als es zu schneien begann. Es schneite so wie heute, langsam, aber immerzu. Vor lauter Langeweile begann ich die Schneeflocken zu zählen. Du musst wissen, ich bin sehr flink. Genau dreimillionensiebenhundertvierzigtausendneunhundertzweiundfünfzig Flocken zählte ich. Als die nächste Flocke niederfiel, nicht mehr als ein Nichts, brach der Ast. Die Schneelast war ihm zu schwer geworden.“ Dann flog die Meise davon.
aus: Sinndeuter 4

Vater unser im Himmel:
Du bist aber nicht nur unser Vater,
du bist auch der Vater von
Alessandro und von Massimo,
von Yusuf und Francesca,
von Ivan und Hyesum.
Du bist der Vater aller Menschen,
der Außenseiter und der Ausgegrenzten,
der Fixer und der Aidskranken,
der Hilfsarbeiter und der Bettler in den Slums.

Geheiligt werde dein Name:
Du hast viele Namen,
alle sind mir heilig:
gerechter Richter,
liebender Vater,
verzeihender Gott,
Ich bin da für dich.

Dein Reich komme:
ein Reich des Friedens, der Liebe, des Glücks,
ein Reich der Hilfsbereitschaft und der Rücksicht,
ein Reich der Hoffnung und der Zukunftserwartung,
ein Reich ohne leere Worthülsen.

Dein Wille geschehe wie im Himmel, so auf Erden:
gegen Krankheit,
gegen Not,
gegen Elend,
gegen Einsamkeit,
gegen Arbeitslosigkeit,
gegen Versagen,
gegen Tod.

Unser tägliches Brot gib uns heute:
das Brot der Partnerschaft,
das Brot der Freundschaft,
das Brot der Liebe,
das Brot des Verzeihens,
das Brot der Nähe,
das Brot des Festes,
das Brot, das satt macht
und das eucharistische Brot.

Und vergib uns unsere Schuld:
Fantasielosigkeit für dich,
Misstrauen gegeneinander,
Oberflächlichkeit,
Sprachlosigkeit,
Stöhnen und Wehklagen,
no future-Denken.

Wie auch wir vergeben unseren Schuldigern:
die uns ihren Hochmut spüren lassen,
die uns ihre Überlegenheit spüren lassen,
die uns ihre Distanz spüren lassen,
die uns ihren unerschütterlichen Glauben aufdrängen,
die uns ins Abseits stellen,
die unsere Natur ausbeuten..

Und führe uns nicht in Versuchung:
der Bequemlichkeit,
der Falschanzeige,
des Geizes,
der Eigenliebe,
des Stolzes,
des Neides,
der großen Reden,
der Untreue.

Sondern erlöse uns von dem Bösen:
nicht mehr zu glauben,
nicht mehr zu hoffen,
nicht mehr zu lieben,
nicht mehr zu dienen,
nicht mehr zu sehen.

Denn dein ist das Reich und die Kraft
und die Herrlichkeit in Ewigkeit:
Du hast das Leben in der Hand,
du wirst uns Sinn geben,
du machst alles neu,
du lässt uns teilhaben an deiner Liebe.

Amen:
Okay, ich bin einverstanden.
Gut, ich bin dabei.

aus: Arbeitshilfe zur Aktion Friedenslicht

Für Kinder:

Die Brücke

Max und Peter waren Schüler der dritten Klasse. Sie wohnten einander gegenüber in derselben Straße einer kleinen Stadt. Früher waren sie dicke Freunde gewesen, dann war es aus einem unerfindlichen Grunde zu Streit gekommen, und sie hatten begonnen, einander wie böse Feinde zu hassen. Lief Max aus dem Tor seines Hofes, so schrie er über die Straße: „He, du Dummkopf!" Und er zeigte dem früheren Freund die Faust. Und Peter gab zurück: „Wie viele solcher Mistkäfer, wie du einer bist, gehen wohl auf ein Kilo?" Dabei drohte auch er mit der Faust. Ihre Schulkameraden versuchten mehrmals, die beiden zu versöhnen, aber alle Mühe war umsonst. Sie waren richtige Starrköpfe. Schließlich fingen sie an, einander mit Schmutzklumpen zu bewerfen. Einmal regnete es besonders stark. Dann verzogen sich die Wolken, und die Sonne zeigte sich wieder, aber die Straße stand unter Wasser. Wer sie überqueren wollte, tastete mit dem Fuß ängstlich nach der Tiefe des Wassers und wich wieder zurück. Max trat aus dem Haus, blieb beim Hoftor stehen und schaute mit Vergnügen um sich. Alles war so sauber und frisch nach dem Regen und glänzte in der Sonne. Plötzlich aber verfinsterte sich sein Gesicht. Er sah seinen Feind Peter am jenseitigen Hoftor stehen. Und er sah auch, dass Peter einen großen Stein in der Hand hielt. So, so, dachte sich Max, du willst also einen Stein nach mir werfen. Nun gut, das kann ich auch! Er lief in den Hof zurück, suchte und fand einen Ziegel und lief wieder auf die Straße, zur Abwehr bereit. Doch Peter warf den Stein nicht nach dem Feind. Er kauerte sich an den Straßenrand und legte ihn behutsam ins Wasser. Dann prüfte er mit dem Fuß, ob der Stein nicht wackle, und verschwand wieder. Der Stein sah wie eine kleine Insel aus. Ach so, sagte sich Max. Das kann ich auch. Und er legte seinen Ziegel ebenfalls ins Wasser. Peter schleppte schon den zweiten Stein herbei. Vorsichtig trat er auf den ersten und senkte den zweiten ins Wasser, in einer Linie mit dem Ziegel seines Feindes. Dann holte Max drei Ziegelsteine auf einmal. So bauten sie einen Übergang über die Straße. Leute standen zu beiden Seiten. Sie schauten den Knaben zu und warteten. Schließlich blieb nur ein Schritt zwischen dem letzten Ziegel und dem letzten Stein. Die Knaben standen einander gegenüber. Seit langer Zeit blickten sie sich zum ersten Mal wieder in die Augen, und Max sagte: „Ich habe eine Schildkröte. Sie lebt bei uns im Hof. Willst du sie sehen?"

Quelle unbekannt

Gebete

Ein neuer Tag liegt vor uns, ein ungebrauchter,
voller Möglichkeiten, die bloß darauf warten,
aufgegriffen und benutzt zu werden.
Menschen, die auf uns zukommen, auf die wir zugehen;
Bekannte und Fremde.
Chancen, sich kennenzulernen,
Chancen, um die Liebe vom Wort in die Tat umzusetzen.
Begegnung ist der Schlüssel dazu.
Gott mach uns offen füreinander.
Nimm uns die Angst vor dem Schritt aus unserem Bunker heraus.
Segne uns, wenn wir uns die Hände reichen.
Stärke unser Vertrauen, dass diese Brücke uns trägt,
dass sie von dir gestützt wird.
Du führst uns zueinander und lässt uns gemeinsam weitergehen.

aus: elemente

Herr, mach mich zu einem Werkzeug Deines Friedens,
dass ich liebe, wo man hasst;
dass ich verzeihe, wo man beleidigt;
dass ich verbinde, wo Streit ist;
dass ich die Wahrheit sage, wo Irrtum ist;
dass ich den Glauben bringe, wo Zweifel droht;
dass ich die Hoffnung wecke, wo Verzweiflung quält;
dass ich Licht entzünde, wo Finsternis regiert;
dass ich Freude bringe, wo der Kummer wohnt.
Herr, lass mich trachten,
nicht, dass ich getröstet werde, sondern dass ich tröste;
nicht, dass ich verstanden werde, sondern dass ich verstehe;
nicht, dass ich geliebt werde, sondern dass ich liebe.
Denn wer sich hingibt, der empfängt;
wer sich selbst vergisst, der findet;
wer verzeiht, dem wird verziehen;
und wer stirbt, der erwacht zu ewigem Leben.

aus: Die Friedensgebete von Assisi

Gebet der Vereinten Nationen

Unsere Erde ist nur ein kleines Gestirn im großen Weltall. An uns liegt es, daraus einen Planeten zu machen, dessen Geschöpfe nicht von Kriegen gepeinigt werden, nicht von Hunger und Furcht gequält, nicht zerrissen in sinnlose Trennung nach Rasse, Hautfarbe oder Weltanschauung. Gib uns den Mut und die Voraussicht, schon heute mit diesem Werk zu beginnen, damit unsere Kinder und Kindeskinder einst stolz den Namen Mensch tragen.

Die offene Hand
Du streckst dich mir entgegen,
um mich zärtlich zu berühren, Fingerzeig und Lebenszeichen,
offene Hand dessen, der mich geschaffen und bei meinem Namen ruft.

Du öffnest dich für mich,
damit ich alles in dich hineinlegen und dir überlassen kann, was mich bewegt,
was mich freut und ängstigt, was mir gut und weh tut.

Du bleibst mir zugewandt,
auch wenn ich dich nicht ergreife und tastend nach dir suche,
auch wenn ich noch nicht fassen kann, was immer unfassbar bleiben wird.

Du hältst zu mir,
du lässt nicht nach in deiner Treue zu mir, um mich zu führen,
zu stützen und zu schützen ein Leben lang.

Paul Weismantel

Lieder

Gib uns Frieden jeden Tag (Gotteslob Nr. 945)
Selig seid ihr (Gotteslob Nr. 993)
Herr, gib uns Deinen Frieden (Gotteslob Nr. 924, 5)
Wenn einer zu reden beginnt (Troubadour Nr. 296)
Uns verpflichtet das Wort (Troubadour Nr. 283)
Ich will eine Brücke bauen (Troubadour Nr. 746)
Wo Menschen sich vergessen (Troubadour Nr. 790)
Ich schenk dir einen Regenbogen (Dorothée Kreusch-Jacob)

8 Bruder Feuer

Texte zur Meditation

Wir sind berufen, Licht zu sein

Es sprach das Zündholz zur Kerze: „Ich habe den Auftrag, dich anzuzünden.“ „O nein,“ erschrak die Kerze, „nur das nicht! Wenn ich brenne, sind meine Tage gezählt. Niemand mehr wird meine Schönheit bewundern.“ Das Zündholz fragte: „Aber willst du denn dein Leben lang kalt und hart bleiben, ohne zuvor gelebt zu haben?“ Die Kerze flüsterte unsicher und voller Angst: „Aber brennen tut doch weh und zehrt an meinen Kräften.“ „Es ist wahr“, entgegnete das Zündholz. „Aber es ist doch das Geheimnis unserer Berufung. Wir sind berufen, Licht zu sein, wir beide, du und ich. Was ich tun kann, ist wenig. Zünde ich dich nicht an, so verpasse ich den Sinn des Lebens. Ich bin dafür da, Feuer zu entfachen. Du bist eine Kerze. Du sollst für andere leuchten und Wärme schenken. Alles, was du an Schmerz und Kraft hingibst, wird verwandelt in Licht. Du gehst nicht verloren, wenn du dich verzehrst. Andere werden dein Feuer weitertragen. Nur wenn du dich versagst, wirst du sterben.“ Da spitzte die Kerze ihren Docht an und sprach voller Erregung: „Ich bitte dich: Zünde mich an!“

aus: Arbeitshilfe zur Aktion Friedenslicht aus Betlehem

Die Halle der Welt mit Licht füllen

Auf den Philippinen erzählen sich die Leute folgende Geschichte:

Ein König hatte zwei Söhne. Als er alt wurde, da wollte er einen der beiden zu seinem Nachfolger bestellen. Er versammelte die Weisen seines Landes und rief seine beiden Söhne herbei. Er gab jedem der beiden fünf Silberstücke und sagte: „Ihr sollt für dieses Geld die Halle in unserem Schloss bis zum Abend füllen. Womit, das ist eure Sache.“ Die Weisen sagten: „Das ist eine gute Aufgabe.“

Der älteste Sohn ging davon und kam an einem Feld vorbei, wo die Arbeiter dabei waren, das Zuckerrohr zu ernten und in einer Mühle auszupressen. Das ausgepresste Zuckerrohr lag nutzlos umher. Er dachte sich: „Das ist eine gute Gelegenheit, mit diesem nutzlosen Zeug die Halle meines Vaters zu füllen.“ Mit dem Aufseher der Arbeiter wurde er einig, und sie schafften bis zum späten Nachmittag das ausgedroschene Zuckerrohr in die Halle. Als sie gefüllt war, ging er zu seinem Vater und sagte: „Ich habe deine Aufgabe erfüllt. Auf meinen Bruder brauchst du nicht mehr zu warten. Mach' mich zu deinem Nachfolger.“ Der Vater antwortete: „Es ist noch nicht Abend. Ich werde warten.“

Bald darauf kam auch der jüngere Sohn. Er bat darum, das ausgedroschene Zuckerrohr wieder aus der Halle zu entfernen. So geschah es. Dann stellte er mitten in die Halle eine Kerze und zündete sie an. Ihr Schein füllte die Halle bis in die letzte Ecke hinein.

Der Vater sagte: „Du sollst mein Nachfolger sein. Dein Bruder hat fünf Silberstücke ausgegeben, um die Halle mit nutzlosem Zeug zu füllen. Du hast nicht einmal ein Silberstück gebraucht und hast sie mit Licht erfüllt. Du hast sie mit dem gefüllt, was die Menschen brauchen.“

aus: Neue Geschichten für Sinndeuter

Für Kinder:

Halleluja

Hannas Mutter singt im Kirchenchor mit. Manchmal übt sie ihre Lieder auch zu Hause. Hanna hört andächtig zu. Sie kann die Worte nicht verstehen, aber es klingt so schön, wenn die Mutter singt. Ein Wort singt die Mutter immer wieder. Es kommt in vielen Liedern vor. Es heißt HALLELUJA.

„Was heißt: HALLELUJA?" fragt Hanna. „Es heißt: Lieber Gott, ich liebe dich und lobe dich und ehre dich", sagt die Mutter. „Deshalb kommt es so oft vor!" „Wissen denn auch die Leute, die euch zuhören, was es heißt?" fragt Hanna. „Natürlich", sagt die Mutter. „Das wissen nicht nur die Leute in unserem Land. Das wissen auch die Leute, die in Frankreich und England und Italien und Spanien und Russland und Amerika und in vielen anderen Ländern leben. Sie singen und sprechen es. Wenn sie den lieben Gott loben und ehren wollen" „Halleluja", sagt Hanna. „Halleluja", singt sie. „Ein schönes Wort", meint sie.

Ein paar Tage später kommt Besuch aus Amerika. Hanna und Vater und Mutter fahren auf den Flughafen, um Tante Milly und Onkel Jeff abzuholen. Sie müssen lange warten. Das Flugzeug hat sich verspätet. Hanna hat viel Zeit, um sich umzuschauen. Was für ein Trubel! So viele Leute gehen in der Halle hin und her, steigen Treppen hinauf und hinunter, warten an den Schaltern, sitzen und stehen herum.

Hanna schaut die Leute an. Manche sehen merkwürdig aus. Sie haben braune Gesichter oder schiefe Augen oder ganz krauses Haar. Manche Leute haben komische Kleider an und seltsame Mützen und Hüte auf. Hanna hört ihnen zu. Aber viele von ihnen sprechen so, dass Hanna sie nicht verstehen kann. Sie sprechen fremde Sprachen. Aber HALLELUJA verstehen sie, denkt Hanna. Sie schaut eine junge Frau an, die langes schwarzes Haar und eine braune Haut hat. „Halleluja", sagt Hanna erwartungsvoll zu ihr. Die junge Frau lächelt ihr zu und antwortet: „Halleluja."

Da freut sich Hanna und geht weiter. Zwei Männer sitzen auf einer Bank und reden miteinander in einer fremden Sprache. Die Männer haben krauses Haar und Schnurrbärte und weiße Anzüge. „Halleluja!" sagt Hanna laut. Die beiden Männer hören auf zu reden. Sie lachen. Sie nicken Hanna zu und sagen: „Halleluja!" Hanna strahlt. Sie denkt: „Wenn ich HALLELUJA sage, verstehen sie mich. Es ist wie ein Zauberwort."

„Halleluja, Halleluja", ruft sie allen zu. Sie läuft durch die Halle und jubelt: „Halleluja, Halleluja!" „Pst, Hanna !" mahnt die Mutter.

Aber die Leute freuen sich. Viele drehen sich nach Hanna um, lächeln und nicken und winken ihr zu, und manche rufen „Halleluja!" zurück. Ein dicker Mann fängt sogar an zu singen. Er singt so wie die Mutter im Kirchenchor. Er singt dreimal „Halleluja", dann fängt er an zu lachen und schenkt Hanna ein Stück Schokolade. Hanna staunt. Wie freundlich die Leute von diesem Wort werden!

Später, als Tante Milly und Onkel Jeff schon angekommen sind und mit Vater und Mutter und Hanna durch die Halle zum Ausgang gehen, winkt eine Frau und ruft: „Halleluja!"

„Sie meint sicher dich", sagt der Vater zu Hanna. „Halleluja!" ruft ihr Hanna zu und winkt zurück. Tante Milly und Onkel Jeff wundern sich. „Ist das ein Gruß?" fragen sie. „Es ist Hannas Gruß", erklärt die Mutter. „Wirklich ein schöner Gruß, viel schöner als GUTEN TAG oder AUF WIEDERSEHEN. Versuch doch mal, Hanna, ob du den Menschen deinen neuen Gruß angewöhnen kannst."

„Ja", sagt Hanna ernst, „ich will's versuchen."

Gudrun Pausewang

Gedanken dazu:

- Begeisterung, Freude verbreiten
- andere damit anstecken
- Verständigung trotz fremder Sprachen

Gebete

Herr, unser Gott,
die Sache Jesu geht weiter,
unser Leben erhält Sinn,
wo immer Dein Geist uns füreinander
die richtige Sprache finden lässt.
Wenn sein Feuer in uns brennt,
dann überbrücken wir die Stummheit,
durchbrechen trennende Wände,
reißen Barrieren nieder,
lassen den eigenen Schatten hinter uns.
Sende uns Deinen Geist,
damit wir Feuer fangen. Amen.

G. und N. Weidinger in: elemente

Feuer entsteht aus kleinen Funken. Aber nur, wenn es etwas gibt, das sich anstecken lässt. Dann wird das Feuer zu einem Licht, das wärmt, das durch seine Hitze etwas verändert.
Gott lass deinen Funken auf mich überspringen, damit ich dein Licht weitertragen kann, damit ich die Welt ein bisschen heller machen kann, damit ich ein bisschen Frieden unter die Menschen bringen kann. Amen.

aus: Arbeitshilfe zur Aktion Friedenslicht aus Betlehem, DPSG

Lieder

Der Geist des Herrn erfüllt das All (Gotteslob Nr. 249)
Komm Heil'ger Geist mit Deiner Kraft (Gotteslob Nr. 963)
Tragt in die Welt nun ein Licht (Gotteslob Nr. 999)
Ins Wasser fällt ein Stein (2. u. 3. Str.) (Troubadour Nr. 7)
Einer hat uns angesteckt (Troubadour Nr. 8)
Die Sache Jesu braucht Begeisterte (Troubadour Nr. 65)
Geist wie Feuer (Troubadour Nr. 66)
Du bist das Licht der Welt (2. Str.) (Troubadour Nr. 1078)

9 Bruder Wind

Texte zur Meditation

Tiefe Stille herrscht im Wasser,
ohne Regung ruht das Meer,
und bekümmert sieht der Fischer
glatte Fläche rings umher.

Keine Luft von keiner Seite!
Todesstille fürchterlich!
In der ungeheuren Weite
reget keine Welle sich.
J. W. Goethe

Die kleine Schraube
Es gab einmal in einem riesigen Schiff eine ganz kleine Schraube, die mit vielen anderen ebenso kleinen Schrauben zwei große Stahlplatten miteinander verband. Diese kleine Schraube fing an, bei der Fahrt mitten im Indischen Ozean etwas lockerer zu werden und drohte herauszufallen. Da sagten die nächsten Schrauben zu ihr: „Wenn du herausfällst, dann gehen wir auch." Und die Nägel unten am Schiffskörper sagten: „Uns wird es auch zu eng, wir lockern uns auch ein wenig." Als die großen eisernen Rippen das hörten, da riefen sie: „Um Gottes Willen, bleibt; denn wenn ihr nicht mehr haltet, dann ist es um uns geschehen!" Und das Gerücht vom Vorhaben der kleinen Schraube verbreitete sich blitzschnell durch den ganzen riesigen Körper des Schiffes. Es ächzte und erbebte in allen Fugen. Da beschlossen sämtliche Rippen und Platten und Schrauben und auch die kleinsten Nägel, eine gemeinsame Botschaft an die kleine Schraube zu senden, sie möge doch bleiben; denn sonst würde das ganze Schiff bersten und keiner von ihnen die Heimat erreichen. Das schmeichelte dem Stolz der kleinen Schraube, dass ihr solch ungeheuere Bedeutung beigemessen wurde, und sie ließ sagen, sie wolle sitzenbleiben.
aus: Geschichten für Sinndeuter

Für Kinder:

Bilderbuch:
Das Vier-Farben-Land von Gina Ruck-Pauquèt
(Bilderbuch und CD mit Spielliedern dürfte in den meisten Kindergärten bzw Grundschulen vorrätig sein)

Inhalt:
Das Vier-Farben-Land bestand aus vier Teilen: In einem Teil war alles grün, im zweiten war alles rot. Im dritten gelb und im vierten blau. Auch die Menschen. Und sie fanden nur ihre eigene Farbe schön. Allein die ganz kleinen Kinder waren bunt. Aber auch sie nahmen bald die Farbe ihrer Umgebung an. Eines Tages wuchs im grünen Land eine gelbe Rose. Keiner mochte sie – außer dem Jungen Erbs. Und er hatte eine Idee: Er lief in die Mitte des Landes, dahin, wo sich alle Teile trafen, und rief die Kinder zusammen. So kam es, dass die gelben, grünen, roten und blauen Kinder sich kennenlernten und miteinander spielten und irgendwann jedes Kind wieder bunt wurde.

Herr, du hättest uns zu einem Baum im Wald, zu einem Schaf auf der Weide machen können oder zu Marionetten, die munter auf der Bühne der Geschichte umherhüpfen; du hättest nur die Drähte an unseren gehorsamen Gliedern zu ziehen brauchen, und wir hätten die menschliche Komödie fehlerfrei gespielt.
Nun aber sind wir Menschen, aufrecht und frei. Dir sei Dank, Herr! Denn du hast uns nicht zu Luxusspielzeug erschaffen für den Zeitvertreib in deinem Himmel. Nein, du hast uns zu deinen Kindern gemacht, dich zu lieben, zu Brüdern und Schwestern, einander zu lieben.
Herr, du hättest uns eine Welt schenken können, fix und fertig, in der man nichts zu suchen, nichts zu erfinden brauchte, mit Städten, in denen nichts fehlte, mit Brücken über gebändigte Flüsse, mit möblierten Wohnungen, bequemen Straßen über eingeebnete Berge, mit paradiesischen Fabriken für gelehrige Arbeiter, Blaupausen, irrtumslos anzuwenden. Doch nun sind wir Menschen, aufrecht und frei, Baumeister von Welten. Dank sei dir, Herr!
Denn du hast uns nicht zu Robotern gemacht, die seelenlos Befehle ausführen aus himmlischen Höhen. Vielmehr hast du uns verantwortlich gemacht für die Welt, zu selbstgewissen Schöpfern unter deinen väterlichen Augen.

M. Quoist

Wann endlich ist einer da
für die Ängstlichen, dass sie sich heraustrauen aus sich selbst;
für die Blinden, dass sie sehen, wo ihnen das Leben glückt;
für die Traurigen, der ihnen zuhört und sie versteht;
für uns alle hier, einer, der anfängt und einfach lebt,
wovon wir nur träumen.

Wann endlich ist einer da, der das sagt:
Spürt es doch, Freunde, der gute Geist weht.
Ich fange an.
Ich befreie – wie Gott.
Ich wende mich den Ängstlichen zu: Kommt aus euch heraus, seid frei!
Ich wende mich den Blinden zu: Seht doch, ihr seid hier wichtig!
Ich wende mich den Traurigen zu: Fühlt es doch, ihr seid nicht allein!
Ich wende mich allen zu, jetzt, hier: Spürt doch den guten Geist!
Fangt einfach an und befreit einander – wie Gott.

nach einem hebräischen Gedicht aus: elemente

Gott lasse den Respekt und die Anerkennung unter uns wachsen,
damit wir ohne falsche Konkurrenz dem Wachsen seines Reiches dienen.
Gott schenke uns den Geist geschwisterlicher Liebe,
damit wir aufeinander hören und miteinander arbeiten.
Gott überwinde alle Grenzen, die zwischen uns bestehen
und lasse uns im gemeinsamen Glauben an ihn eins werden.
Das gewähre uns der gütige Gott, der Vater durch den Sohn im Heiligen Geist. Amen.

aus: Pfingstnovene 2000

Im Außergewöhnlichen sehen wir dich, kraftvoller, mächtiger Heiliger Geist,
in Sturm und Feuer, Verwandlung und Aufbruch, im Leben außergewöhnlicher Menschen.
Hilf uns, dich im Verborgenen zu finden, stiller, beständiger Heiliger Geist,
deine leisen Gaben zu entdecken in unseren Mitmenschen, in uns selbst:
die Gabe, Frieden zu stiften,
die Fähigkeit zu begeistern,
die Kunst, die Wahrheit auszusprechen,
das Talent, gut zuhören zu können,
die Kunst, Kompliziertes einfach zu sagen,
die Gabe, ein ruhender Pol zu sein,
die Fähigkeit sich einzufühlen,
die Gabe der bergenden Mütterlichkeit,
die Gnade des kindlichen Staunens,
das Charisma des Humors.
Du bist die Chance zum Leben für jeden von uns, Heiliger Geist.
Entfalte dein Wirken in uns, das mächtige und das leise,
damit wir uns selber entdecken und das Antlitz der Erde sich wandelt.

aus dem Messbuch 2005
in: Würzburger katholisches Sonntagsblatt
Nr. 20 vom 15. Mai 2005

Lieder

Der Geist des Herrn erfüllt das All (Gotteslob Nr. 249)
Komm, Heilger Geist, mit deiner Kraft (Gotteslob Nr. 963)
Dein Geist weht, wo er will (Gotteslob Nr. 964)
Herr, deine Liebe ist wie Gras und Ufer (Troubadour Nr. 1)
Gott gab uns Atem (Troubadour Nr. 40)
Wenn der Geist sich regt (Troubadour Nr. 67)
Ein Schiff, das sich Gemeinde nennt (Troubadour Nr. 590)
Das Viertelland (Spiellieder) (Troubadour Nr. 591–596)

10 Alles, was atmet, lobe den Herrn!

Texte zur Meditation

Schöpfung –
das ist nicht nur die Idylle am Wegrand,
ein exotisches Tier
oder eine romantische Landschaft.
Schöpfung –
das ist alles, was vor uns da war
und nach uns bleiben wird.
Schöpfung –
das sind die Atome, die Materie, die Zeit,
die Sonne, die Erde, die Pflanzen,
die Tiere, das menschliche Leben.
Schöpfung ist unergründlich.
Für den Christen hat Schöpfung
untrennbar etwas mit dem Schöpfer zu tun.
Alles Geschaffene bleibt
mit seinem Ursprung und Urziel verbunden.
Das hat Konsequenzen
auch für unser tägliches Denken und Handeln:
Die Schöpfung bewahren!

aus: höre nie auf anzufangen

Ich wünsche dir offene Sinne für die Schönheit Gottes.
Die Schönheit der Welt. Die Schönheit des Lebens …
Sag Hallo zu Bäumen und Blumen und Buntspechten.
Hör, was sie dir zu erzählen haben:
von den Wundern der Schöpfung
und von der unbegrenzten Fantasie des Schöpfers.
Von seiner Liebe und Fürsorge.
Vielleicht flüstern sie dir ins Ohr:
„Wir säen und wir ernten nicht,
aber unser himmlischer Vater ernährt uns doch.
Bist du nicht viel mehr wert als wir?
Vertrau deinem himmlischen Vater.
Dem Vater der Schönheit, dem Vater der Liebe.
Sorg dich nicht!“

Ich wünsche dir ein offenes Herz für Gott.
Mach’s wie die Sonnenblume:
Wende dich der Sonne zu.
Wo sie auch steht.
Richte dich auf Gott aus. Denk an ihn. Vertrau ihm.
Vertrau ihm dein Leben an. Wo du auch stehst.
Und wenn dir nicht nach ihm zumute ist, darfst
du wissen: Eigentlich ist es ja die Sonne selbst,
die die Sonnenblume in ihr Licht dreht.
So wird Gott dich auch immer wieder anlocken.
Dein Herz in das Licht seiner Freundlichkeit drehen.
Er liebt dich ja mehr, als du ihn jemals lieben kannst.
Er interessiert sich für dich ja mehr,
als du dich jemals für ihn interessieren wirst.
Du lebst von seinem Strahlen
und nicht von deiner Kraft, ihn anzustrahlen.

Jürgen Werth in: Segenswünsche

Psalm 104

Wie groß sind Deine Werke, Herr,
in Weisheit hast Du sie alle gemacht.
Lobe den Herrn, meine Seele!
Herr, mein Gott, wie groß bist Du!
…
Ich will dem Herrn singen, solange ich lebe,
will meinem Gott spielen, solange ich da bin.
Ehre sei dem Vater und dem Sohn
und dem Heiligen Geist,
wie im Anfang, so auch jetzt und alle Zeit
und in Ewigkeit. Amen.
Wie groß sind Deine Werke, Herr,
in Weisheit hast Du sie alle gemacht.

Gotteslob Nr. 743–744

Der betende Gaukler

Eine französische Legende (in einer vereinfachten Sprache erzählt auch für Kinder geeignet)

Es war einmal ein Gaukler, der tanzend und springend von Ort zu Ort zog, bis er des unsteten Lebens müde war. Da gab er all seine Habe hin und trat in das Kloster zu Clairveaux ein. Aber weil er sein Leben bis dahin mit Springen, Tanzen und Radschlagen zugebracht hatte, war ihm das Leben der Mönche fremd, und er wusste weder ein Gebet zu sprechen noch einen Psalter zu singen.

So ging er stumm daher, und wenn er sah, wie jedermann des Gebetes kundig schien, aus frommen Büchern las und mit im Chor die Messe sang, stand er beschämt dabei: Ach, er allein, er konnte nichts. „Was tu ich hier?" sprach er zu sich, „ich weiß nicht zu beten und kann mein Wort nicht machen. Ich bin hier unnütz und der Kutte nicht wert, in die man mich kleidete."

In seinem Gram flüchtete er eines Tages, als die Glocke zum Chorgebet rief, in eine abgelegene Kapelle. „Wenn ich schon nicht mitbeten kann im Konvent der Mönche", sagte er vor sich hin, „so will ich doch tun, was ich kann."

Rasch streifte er das Mönchsgewand ab und stand da in seinem bunten Röckchen, in dem er als Gaukler umhergezogen war. Und während vom hohen Chor die Psalmgebete herüberwehten, begann er mit Leib und Seele zu tanzen, vor- und rückwärts, links herum und rechts herum. Mal geht er auf seinen Händen durch die Kapelle, mal überschlägt er sich in der Luft und springt die kühnsten Tänze, um Gott zu loben. Wie lange auch das Chorgebet der Mönche dauert, er tanzt ununterbrochen, bis ihm der Atem verschlägt und die Glieder ihren Dienst versagen.

Ein Mönch aber war ihm gefolgt und hatte durch ein Fenster seine Tanzsprünge mitangesehen und heimlich den Abt geholt. Am anderen Tag ließ dieser den Bruder zu sich rufen. Der Arme erschrak zutiefst und glaubte, er solle des verpassten Gebetes wegen bestraft werden. Also fiel er vor dem Abt nieder und sprach: „Ich weiß, Herr, dass hier meines Bleibens nicht ist. So will ich aus freien Stücken ausziehen und in Geduld die Unrast der Straße wieder ertragen."

Doch der Abt neigte sich vor ihm, küsste ihn und bat ihn, für ihn und alle Mönche einzustehen: „In deinem Tanze hast du Gott mit Leib und Seele geehrt. Uns aber möge er alle wohlfeilen Worte verzeihen, die über die Lippen kommen, ohne dass unser Herz sie sendet.

Hubertus Halbfas, Der Sprung in den Brunnen

Ich glaube an Gott, und ich glaube,
dass er ein Künstler ist,
ein Erfinder: Unbegrenzt sind seine Ideen.
Alles ist neu, was er macht, und aus erster Hand,
vielgestaltig und aller Bewunderung würdig.
Die Ordnung der Sterne ist sein Plan.
Wolken und Morgenröte denkt er sich aus.
Jeder Zweig, jedes Blatt ist seine Erfindung,
ebenso formt er Fische und Schmetterlinge.

Er gleicht nicht den Bildern, die wir uns zurechtdenken,
unseren Begriffen und Definitionen.
Er hätte sonst niemals so eine Welt voller Wunder erschaffen
und kaum mehr als eine Sorte von Menschen.
Nie gäbe es dieses seltsame Durcheinander
von Dichtern, Schönheitsköniginnen,
Kellnern und Kirchenvätern, Rockfans und Radfahrern.

Etwas von allem muss in ihm sein.
Er ist ein Hirte, ein Liebhaber,
Mutter und Vater, ein Kinderspiel.
Geheimnis lautet sein Name und immer: der andere.
Er wohnt in der Wolke, im Wort, in der Stille.
Er sät seine Hoffnung unter die Armen.
Im Herzen der Liebenden ist er, inmitten der Welt.

Gepriesen sei sein herrlicher Name!

Quelle unbekannt

Gott all meiner Tage,
all meiner Stunden,
ich bitte Dich um eine besondere Gunst:
dass es mich nie ankommt zu gähnen
vor einem Deiner Wunder!
Lass mich das Wunder jedes Erwachens auskosten,
staunen, dass ich noch am Leben bin,
fähig zu atmen, zu gehen und zu denken.
Hilf mir, dass ich mich niemals sattsehe
an Deinen Jahreszeiten:
Der Frühling ist ein Wunder,
der Sommer ist ein Wunder,

der Herbst, ein Wunder,
und der Winter in seiner Schönheit,
auch er ein Wunder.
Und so jeder Tag, so jede Nacht.
Dank für den Zauber dieser Landschaft.
Dank für den Sonnenaufgang
und für den Abendschatten,
Dank für den Mond und für die Sterne.
Mach mich dazu imstand,
alles, was von Dir ist, zu bewundern.

E. Doherty in: elemente

Heiliger Gott,
auf Schritt und Tritt
sprichst du mich an:

durch die Wiesenblume,
wenn sie selbstlos
ihren Duft verströmt

durch den Grashalm,
wenn er furchtlos
im Wind schwingt

durch das Wasser,
wenn es fröhlich
um Steine plätschert

In allem
und durch alles
rufst du mir zu:

„Mensch, ich bin da!"
Peter Schott

Für Kinder:

Herr, unser Gott,
wir danken Dir, dass unsere Welt so schön ist.
Wir bitten Dich für alle,
die in dieser Welt für andere arbeiten:
vor allem für die Forscher und Techniker
und für die Menschen, die viel zu bestimmen haben:
Hilf ihnen,
dass sie das Leben der Erde achten und erhalten –
das Leben der Pflanzen und der Tiere,
das Leben der Menschen und alles Leben,
das noch verborgen ist und erst noch entstehen soll.
Hilf uns selber,
dass wir die Natur nicht verschmutzen
und zerstören, sondern schützen und pflegen.
Amen.
Quelle unbekannt

Lieder

Großer Gott, wir loben dich (Gotteslob Nr. 257)
Erfreue dich, Himmel (Gotteslob Nr. 259)
Gott liebt diese Welt (Gotteslob Nr. 297)
Solang es Menschen gibt auf Erden (Gotteslob Nr. 300)
Erde singe, dass es klinge (Gotteslob Nr. 808)
Lobet und preiset, ihr Völker (Troubadour Nr. 140)
Laudato sii (Troubadour Nr. 141)
Lasst uns miteinander (Troubadour Nr. 152)
Heilig, ja heilig (Troubadour Nr. 222)
Laudate omnes gentes (Troubadour Nr. 362)
Er hält mein Leben in der Hand (Troubadour Nr. 973)

Quellenverzeichnis

- Arbeitshilfe zur Aktion Friedenslicht, DPSG Würzburg.
- Peter Bleeser (Hg.), Neue Geschichten für Sinndeuter, Georgs Verlag, Düsseldorf 1987.
- Der Besinnungsweg zum Sonnengesang, Tappeiner Verlag, Lana 1998.
- Die Bibel, Verlag Kath. Bibelwerk, Stuttgart 1980.
- Die Friedensgebete von Assisi, Herder Verlag, Freiburg 1987.
- elemente, Echter Verlag, Würzburg 1994.
- Frank Greubel, Zwischendurch: Gebete, KLB City-Druck Würzburg.
- Gebetsstunde Schöpfung bewahren, KBA Würzburg.
- Geschichten für Sinndeuter, Georgs Verlag, Düsseldorf 1984.
- Gotteslob Bistum Würzburg, Echter Verlag, Würzburg 1975, 1994.
- „Die Tulpe“, aus: Josef Guggenmos, Was denkt die Maus am Donnerstag? Beltz&Gelberg in der Verlagsgruppe Beltz, Weinheim/Basel.
- höre nie auf anzufangen, action 365 Frankfurt/M.
- Hubertus Halbfas, Der Sprung in den Brunnen. Eine Gebetsschule. © Patmos Verlag GmbH & Co. KG, Düsseldorf 1985.
- Ein junger Mann, aus: Willi Hoffsümmer, Kurzgeschichten 1. 255 Kurzgeschichten für Gottesdienst, Schule und Gruppe, © Matthias-Grünewald-Verlag der Schwabenverlag AG, 22. Auflage, Ostfildern 2006, S. 113.
- Dorothée Kreusch-Jakob, Hol dir ein Gelb aus der Sonne. Meine schönsten Lieder, © 2003 Patmos Verlag GmbH & Co. KG, Düsseldorf 2003.
- Leo Lionni, Frederick, Middelhauve Verlag, Hannover 1976.
- Antje Sabine Naegeli, „Mich wunderts, dass die Sterne“ und
  Antje Sabine Naegeli, „ Und du weißt wirklich nicht“, aus: Antje Sabine Naegeli, Dass die Nacht dir Frieden bringt. Eine Wegbegleitung, © 2002 Verlag am Eschbach der Schwabenverlag AG, Eschbach/Markgräflerland 2002.
- Wilhelm Olschewski, Hab ein wenig Geduld, aus: http://www.hoffnungszeichen.de/fileadmin/redaktion/Monatsmagazine/HOF_04_07.pdf, S. 16.
- Gudrun Pausewang, Halleluja.
- Pfingstnovene 2000, Bischöfliches Ordinariat Würzburg.
- Gina Ruck-Pauquèt, Das Vier-Farben-Land, Velber Verlag, Family Media GmbH & Co. KG, Freiburg 2007.
- Hubert Rüenauver / Heribert Zingel, Den Sonntag feiern, Kösel-Verlag, Verlagsgruppe Random House, München 1992.
- Ulrich Schaffer, Die Welt berühren.
- Sinndeuter 3, Georgs Verlag, Neuss-Holzheim 1998.
- Sinndeuter 4, Georgs Verlag Neuss-Holzheim 2003.
- Christa Spilling-Nöker, „Nicht mehr so dahinleben“, aus: dies., Liebe das Leben. Ermutigungen, © Verlag am Eschbach der Schwabenverlag AG, Eschbach/Markgräflerland.
- Reinhold Stecher, Botschaft der Berge, Tyrolia Verlag Innsbruck 1999.
- Troubadour für Gott, Echter Verlag, Würzburg 1999.
- Gerda Wagener, Der klitzekleine Hase und seine Freunde, bohem press Kinderbuchverlag, Zürich.
- Jürgen Werth, Segenswünsche, Verlag Johannis, Lahr.

- Würzburger Katholisches Sonntagsblatt
  Nr. 44 / 2004
  Nr. 20 / 2005
  Nr. 23 / 2005
  Nr. 25 / 2005
  Nr. 34 / 2005
- „Ich bin von der Erde“ (von einer zeitgenössischen Indianerin in: Jörg Zink, Atem der Welt, © Verlag am Eschbach der Schwabenverlag AG, Eschbach/Markgräflerland.
- „Nicht, dass du der schönste Baum bist ...“ S. 13
  „Ich wünsche dir nicht, dass du ein Mensch seist ...“
  aus: Jörg Zink, Mehr als drei Wünsche, © Kreuz Verlag, Stuttgart 1982.

- Alle Fotos: Rudolf Fischer, Bad Neustadt, außer S. 48, 50, 51, 52, 54, 62, 63

Besuchen Sie auch das
Bruder Franz Haus
Ausstellung „Franz von Assisi und Gottes Schöpfung“
Kloster Kreuzberg/Rhön
97653 Bischofsheim/Rhön